길을 찾는 친구에게

길을 찾는
친구에게

하도균 지음

목차

들어가는 말

1장 소외되어 혼자라고 느끼는 자들에게	11
2장 왜 하나님은 나를 사랑하실까 질문하는 자들에게	31
3장 도저히 사랑할 수 없는 사람 때문에 고민하는 자들에게	49
4장 낯선 곳에서 삶의 터전을 일궈야 하는 자들에게	65
5장 울며 낙담하고 있는 자들에게	81
6장 자신 있는 일에 실패를 경험한 자들에게	97
7장 삶의 갈증이 채워지지 않는 자들에게	111
8장 위로가 필요한 자들에게	127

9장 믿음의 결단이 필요한 자들에게 　　　　　　　143

10장 정체성의 혼란을 느끼는 자들에게 　　　　　　159

11장 영적인 리더십을 계승해야 할 필요가 있는 자에게 　177

12장 삶의 위기를 만난 자들에게 　　　　　　　　　195

13장 지속적인 은혜 가운데 살아가기를 원하는 자들에게 　211

14장 신앙의 방향을 잃은 자들에게 　　　　　　　　229

15장 길을 찾는 친구에게 　　　　　　　　　　　　247

| 들어가는 말 |

　사람들이 살아가는 모습은 다양합니다. 각자 가지고 있는 기질과 성품이 다르기 때문이고, 또한 문화적인 차이와 그 사람이 처해 있는 사회적인 상황이 다 다르기 때문이기도 합니다. 또는, 삶에서 경험할 수 있는 다양한 문제에 대해 대응하는 방법이 다르기 때문에 그러하기도 합니다. 그런데 각자 다양한 삶의 모습 속에서, 행복하고 만족할 수만 있다면 다행이지만, 다양한 삶의 모습만큼이나 다양한 문제들을 안고 살아가며, 문제의 해결을 위해 인생의 길을 찾는 사람들이 대부분입니다. 왜 우리의 삶은 우리가 해결할 수 없는 문제들이 발생하는 것일까요? 그 문제의 해답은 과연 어디서 찾을 수 있는 것일까요?

　성경에 보면, 인간이 죄를 짓고 하나님과의 관계가 깨어진 후, 세상에는 인간이 스스로 해결할 수 없는 문제들이 발생하기 시작하였습니다. 미움, 시기와 질투, 그리고 급기야 살인까지 들어왔습니다. 때로는 수고한 만큼 열매를 얻지 못하여 낙담하고 힘들어하기도 합니다. 그렇기에 인간이 가지고 있는 문제의 해결을 위해서 궁극적으로는 하나님과 깨어진 관계를 회복하는 것이 가장 중요한 부분이기는 하지만, 그 해결점까지 인도하기 위해서는 각 사람이 가지고 있는 인생의 다양한 문제에 대해 도움을 줄 수 있는 하나님께서 제시하시는 길이 필요합니다. 해답이 하나라고, 그 해답까지 가는 방법도 동일한 것은 아닙니다. 성경을 보면, 인생의 다양한 문제를 가지고 있는 사람들을 하나님이 친히 찾아가기도 하셨고, 선지자와 하나님이 준비하신 사람들을 보내어 하나님께로 인도할 수 있는 길을 제시해 주시기도 하셨습니다. 복음서를 보면, 예수께서는 다양한 인생의 문제를 가진 자들을 만나주셨고, 가르침과 치유의 기적, 그리고 선포를 통하여 하나님께로 돌아갈 수 있는 길을 제시해 주셨습니다.

그렇습니다! 하나님께로 돌아가는 것, 그래서 하나님과 관계를 회복하는 것이 인생의 문제를 풀 수 있는 궁극적인 해답이지만, 각자 사람들에게 그 답을 제시하기 위해서는 그 사람들이 가지고 있는 인생의 문제에 도움이 될 수 있는 진리의 길을 제시하며, 그 길을 통하여 하나님께로 돌아갈 수 있도록 만들어 주는 것이 가장 효율적인 방법입니다. 본 저서도 그러한 목적으로 서술되었습니다. 사람들이 가지고 있는 대표적인 인생의 문제들, 그리고 그리스도인들이 가지고 있는 대표적인 신앙의 문제들, 그 문제들에 대하여 성경이 제시하고 있는 길을 제시하며, 그 길을 통하여 하나님께로 돌아오기를 바라는 마음으로 기술되었습니다. 그러므로 본 저서는 새신자에게 신앙의 길을 제시하며 기독교를 소개할 수 있는 유익한 내용이 담겨 있다고 할 수 있고, 사역자들에게는 전도설교의 내용으로 훌륭히 활용할 수 있는 내용과 방법이 담겨 있다고 할 수 있습니다. 무엇보다도 내용이 성경의 이야기를 중심으로 담겨 있음으로, 개인의 의견이 아닌, 기독교의 진리가 풀어져 길을 제시하고 있다는 점이 가장 큰 장점이라고 할 수 있습니다.

제가 소속해 있는 성결교회의 성결교단은 전도하다가 생겨난 교단입니다. 그래서 전도가 우리 교단의 가장 중요한 정체성을 이루고 있는 요소입니다. 그래서인지, 1940년대 교단 신학교의 최초 전도학 교재의 제목이 [길을 찾는 친구에게]였습니다. 저에게는 이 교재의 제목이 너무 가슴 깊이 남아, 그 마음을 오랫동안 품고 있다가 이 책을 저술하게 되었습니다. 물론 본 저서의 내용은 저희 교단의 전도학 교재와는 전혀 다릅니다. 모쪼록 부족함이 있지만, 본 저서가 인생의 문제를 가지고 길을 찾는 사람들에게 길을 제시해 주며, 그 길을 걸어가다 하나님을 깊게 만날 수 있기를 바라봅니다.

성주산 기슭에서 2021년 11월 늦가을에, 저자 하도균

1장
소외되어 혼자라고 느끼는 자들에게

 이 세상에는 소외되어 외롭게 살아가는 사람이 참 많습니다. 문명과 과학기술이 발달하여 4차 산업혁명 시대를 맞았지만, 상대적으로 인간은 더 소외되는 경험을 갖게 되는 것 같습니다. 그래서 우울증 환자도 늘어나고, 예전에 숫자적으로 많지 않았던, 공황장애, 강박관념, 조울증 등 정신적인 어려움을 호소하는 사람들이 늘어가고 있습니다. 얼마나 외롭고 쓸쓸한 시간들을 보내고 있을까요? 저 역시 이러한 경험을 해보았기에, 그러한 분들을 생각하면 가슴이 미어집니다. 또, 이 정도의 상황은 아니더라도, 살아가면서 외롭다고 느끼고, 소외되었다고 느껴질 때가 있지 않으신가요? 그 이유는 무엇일까요? 어떻게 회복할 수 있습니까? 이 질문에 대하여 전문적으로 분석하고 다 답할 수 없지만, 성경은 이미 그것에 대한 근본적인 이유와 답을 제시하고 있습니다. 창조주이신 하나님을 떠났기에 잃은 자가 되어 소외되고 외로움을 느끼고 있으며, 잃은 자를 찾으시는 그분께 다시 돌아올 때 회복될 수 있다는 것입니다. 하나님이 사람을 창조하실 때, 하나님과 교제하며 살도록 만드셨습니다.

누가복음 15장에는 이러한 사실을 비유로 잘 말해주고 있습니다. 여기에는 잃어버린 것에 대한 3가지 비유가 나옵니다. 잃은 양의 비유, 잃은 드라크마 비유, 잃은 아들의 비유가 그것입니다. 그런데 모두 잃어버린 것에 대한 이야기지만, 차이점이 있습니다. 잃어버린 양의 이야기는 무리를 이탈하는 양의 특성 때문에 목자로부터 멀어져 길을 잃게 된 점이 특이하고, 잃어버린 드라크마 이야기는 의지와 상관없이 잃어버려진 드라크마 이야기입니다. 잃어버린 아들의 이야기는, 자신의 의지로 스스로 아버지를 떠나 잃어버린 자가 되었다는 점이 특이합니다. 이것을 우리의 삶에 적용해 보자면, 어떤 사람들은 태어날 때부터 하나님을 알지 못하여 잃은 자로 살아가고, 또 어떤 사람들은 자신에게 있는 연약함 때문에 하나님을 떠나 잃어버린 자가 되기도 하며, 때로는 자신의 의지로 하나님을 떠나 길을 잃어버리게 되는 사람도 있습니다. 그러나 주인은 잃어버린 자를 찾기 위해 모든 노력을 다합니다. 이렇게 길을 잃어버린 영혼을 향한 아버지의 사랑이 담겨 있는 내용이 누가복음 15장에 기록되어 있습니다. 이 장에서는, 잃어버린 양을 찾아 헤매는 목자의 이야기를 통해 소외되어 혼자라고 생각하는 사람들을 향한 하나님의 마음을 전하며 회복의 방법을 제시하려 합니다.

소외되어 혼자라고 느끼는 이유

양은 순진하지만, 외고집이어서 조금만 틈이 생기면 독자적인 행동을 하는 습성이 있습니다. 목자의 눈을 피해 어디로 가는지 알지도 못하면서도 무리를 떠나 혼자 돌아다니는 것입니다. 게다가 비탈길을 좋아해서 위험한 곳으로 혼자 깊숙이 들어가곤 합니다. 처음부터 의도하고 떠난 것이 아니라, 자신의 연약한 습성 때문에 목자를 떠나 무리를 이탈하여 혼자되는 것입니다. 잃어버린 양이 되는 것이지요. 그런데 이렇게 홀로 남은 양은 위험한 비탈길에서 발을 잘 못 디뎌서 사고를 당하거나 맹수의 밥이 될 수 있습니다.

한편, 목자는 양을 잃어버렸다는 사실을 알고 걱정하기 시작합니다. 목자에게 소속된 백 마리 양 가운데 아흔아홉 마리의 양이 남아 있지만, 잃어버린 한 마리의 양 때문에 걱정을 하는 것입니다. 양은 목자의 보살핌 없이는 살아갈 수 없기 때문입니다. 홀로 떨어져 위험한 길로 다니다가 죽을 수 있다는 것을 잘 아는 목자는 양을 걱정합니다. 이것이 목자의 마음입니다. 성경은 종종 예수님을 목자에 비유

합니다. 누가복음 15장에서도 목자의 모습에서 잃어버린 영혼을 향한 예수님의 마음을 알 수 있습니다. 양이 목자 없이 살 수 없는 것처럼, 우리도 하나님을 떠나 살 수 없는 자들입니다. 성경은 양의 비유를 통해, '너희는 스스로 살 수 없는 자들이다.', '하나님의 보호하심 없이는 살 수 없는 자들이다.'라고 말씀하고 계십니다. 그 이유는 무엇 때문입니까? 사랑 때문입니다.

그러므로 하나님이 가장 안타까워하시는 사람이 있습니다. 그것은 하나님을 의지하지 않고 자신의 힘으로 살 수 있다고 생각하는 사람입니다. 왜 하나님이 그러한 사람을 안타까워하실까요? 사랑하기 때문입니다. 하나님이 안타까워한다는 것은 그 사람이 싫다는 표현이 아닙니다. 사랑하신다는 상대적인 표현입니다. 그 사람을 그렇게 내버려 두면 안 되기 때문입니다. 하나님을 의지하지 않는 사람은, 양의 습성상 그렇듯이, 자신의 죄 된 습성 때문에, 자신도 모르는 사이에 하나님을 떠나게 되고 잃어버린 양이 될 수 있기 때문입니다. 내 안의 죄 된 습성 때문에, 내 생각대로만 길을 찾아 돌진하다가 목자를 잃고 길을 잃어버리게 되는 것입니다. 그렇기에 내 힘으로 살아갈 수 있다고 생각하는 사람은 어쩌면 이미 길을 잃어버린 양일 수도 있습니다. 교회 안에서 신앙생활을 잘하고 있다고 하더라도 하나님과 인격적인 관계가 끊어져 있다면, 자신이 의도와 상관없이 잃어버린 양이 될 수 있습니다. 우리는 그렇게 잃어버린 양이 되고, 소외되어 외로운 자들이 될 수 있습니다.

소외되어 홀로 있는 시간에 깨달아야 할 진리

만약 목자가 길을 잃어버린 양을 그냥 내버려 둔다면, 홀로 외로이 방황하다가 굶어 죽거나 맹수에 물려서 죽게 될 수 있습니다. 그렇기에 목자는 잃어버린 양을 그냥 내버려 두지 않습니다. 한 마리뿐이라도, 잃어버린 양을 찾아 나섭니다. 밤새우며 양을 찾아 헤매입니다. 이것이 목자의 마음이고 사랑입니다. 그런데 이렇게 홀로 있는 시간에 양이 깨닫는 것이 있습니다. 소외되고 외로운 그 시간을 통해 깊이 깨닫게 되는 것이 있습니다. 그것은 내 힘으로 열심히 살아가지만, 그러한 삶 속에서 거두는 것은 수고와 실패, 그리고 근심밖에 없다는 것입니다. 그래서 결국 나 혼자 살아갈 수 없음을 깨닫고 하나님 앞으로 나옵니다. 이러한 깨달음이 있는 사람은 하나님 앞에 나와 무릎을 꿇게 됩니다. 하나님을 온전히 의지하게 되는 것이지요. 그리고 단 한 순간이라도 하나님을 부르지 않고는 살아갈 수가 없다는 것을 고백합니다. 그래서 하나님은 내 힘으로 살 수 있다고 생각하는 사람을 훈련시키는 방법이 있습니다. 그것은 인생의 시간에서 홀로 외로이 되었을 때, 잠시 그냥 내버려 두시는 것입니다. 그리고 그 시간들을 통해 하나님을 온전히 의지하게 만드십니다.

제가 박사 이후의 과정(Post Doctoral Research)을 밟기 위해, 1년 동안 인도의 한 대학 초청을 받아 온 가족이 인도에 살았던 적이 있습니다. 그때 델리에서 '전인도 한인 선교사 대회'가 있어서 선교사님들과 교제도 하고 은혜도 받기 위해 참석하게 되었습니다. 선교사 대회 첫날, 선교사님들이 다 같이 나와 특송을 하는데 너무 눈물이 났습니다. 저의 신앙고백을 선교사님들이 찬양을 통하여 전달해 주셨기 때문입니다. 선교사님들께서 부른 찬양은 "아 하나님의 은혜로 이 쓸데없는 자 왜 구속하여 주는지 나는 알 수 없도다. 내가 믿고 또 의지함은 내 모든 형편 잘 아는 주님 늘 도우실 것을 나는 확실히 아네"라는 찬양이었습니다. 그곳에서 선교사님들과 같이 생활하면서 교제하고 삶을 나누다 보니, 파란만장한 삶을 사신 선교사님들이 많이 있었습니다. 하나님은 그들을 사용하시기 위해, 그들의 삶 속에서 많은 어려운 경험들을 하게 하셨고, 그 경험들 속에서 낮아지고 낮아지셔서 결국에는 하나님께로 돌아오게 되었다는 간증을 듣게 된 것입니다. 그런데 선교사님들이 하나님 앞에 돌아오기 전에 공통적으로 깨달았던 것이 있습니다. 그것은 바로 '나는 아무것도 아니구나! 이렇게 해서 내 인생이 끝날 수 있겠구나! 나는 절대로 대단한 존재가 아니고 나 혼자는 살 수가 없구나!'라는 진리였습니다. 하나님은 실패한 자신을 여전히 사랑하시고 사용하셔서 하나님의 도구로 쓰시기를 원한다는 사실을 깨닫고 그들의 인생이 바뀌어졌다고 고백한 것이지요. 그러므로 선교사님들께서 첫날 부른 그 찬양은 그들의 삶의 고백이었습니다. 이 찬양을 수없이 들어봤지만, 선교사님들이 그들의 삶을 담아서 찬양을 부를 때 마음이 참 뭉클했습니다. 선교사님들도 울면서 찬양하셨습니다. "아 하나님의 은혜로 이 쓸데없는 자 왜 구속하여 주시는지 난 알 수 없도다" 이러한 고백이 있는 사람들이 어떻게 하나님을 의지하지 않고 살아갈 수 있겠습니까? 이러한 고백이 있는 사람들이 어떻게 날마다 하나님을 부르지 않고 살 수 있겠습니까?

왜 내가 잃어버린 양이 되었습니까? 양과 같이 죄 된 습성이 내 안에 있기 때문입니다. 때로는, 돌아온 탕자 이야기처럼, 아버지 면전에서 아버지를 부인하고 떠나 잃어버린 양이 되기도 하지만, 대부분의 사람들은 나도 모르는 사이에 내 습관대로 살아가다 어느 날 갑자기 깨닫게 됩니다. 창조주이신 하나님 아버지를 너무 멀리 떠나 있다는 사실을 말입니다. 혹시 마음이 힘들고 메마르고 눈물도 없고 감동도 없다면, 아버지를 멀리 떠난 잃어버린 양이 되었기 때문일 수 있습니다. 예전과 같이 똑같이 신앙생활을 하고 있더라도, 감격이 사라지고 은혜도 느껴지지 않는다면 한 번 점검해 보십시오. 양의 습성 같은 죄의 습성 때문에 내가 하나님을 멀찍이 떠나와 있지는 않은 지 말입니다. 하나님은, 자신도 모르는 사이에 하나님과 멀어져 잃어버린 양이 되었지만, 그 시간을 통해 목자 없이는 살아갈 수 없다는 사실을 깨닫기 원하십니다. 때로는 그 진리를 알아갈 때까지 내버려 두시는 것 같지만, 그 시간은 우리를 기다리시는 시간입니다. 왜냐하면 우리를 사랑하시고 우리를 포기하지 않으시기 때문입니다. 그 진리를 깨달아야 다시는 목자를 떠나지 않고 소외되지 않기 때문입니다.

소외되어 홀로 있는 시간이 주는 신앙의 유익

이상에서 볼 때, 우리의 신앙생활에서 가장 중요한 것이 있습니다. 그것은 하나님 앞에 인격적으로 승복하는 것입니다. 20년 만에 외삼촌 라반의 집에서 고향으로 돌아가는 야곱은 얍복강 나루터에 홀로 남았습니다. 자신이 돌아가는 길목에서 형 에서가 군사들을 거느리고 자신에게 오고 있다는 소식을 듣고, 모든 가축과 가족들을 먼저 보내고 두려움과 걱정 속에 혼자 된 것입니다. 그 위기의 밤, 하나님의 사자가 야곱에게 씨름을 걸어왔습니다. 야곱은 환도뼈가 부러지는 상황에서도 그분을 놓지 않았습니다. 야곱이 밤새 하나님의 사자를 붙잡았던 것은 하나님의 도우심 없이는 살 수 없다고 생각했기 때문입니다. 이러한 야곱의 씨름은 그의 삶 속에서 하나님 앞에 전적으로 승복하는 시간이었습니다. 그때 하나님은 그의 이름을 바꿔 주셨습니다. 이름이 바뀌어진것은 그의 인생이 바뀌어졌다는 것을 의미합니다.

  요한복음 12장에는 마리아가 향유를 깨뜨려 예수님의 발에 붓고 그의 머릿결로 예수님의 발바닥을 닦는 장면이 기록되어 있습니다. 이 사건은 제가 가장 이해가 되지 않았던 성경 이야기 중의 하나였습니다. 갸롯 유다는 비싼 향유를 낭비했다며, 그것을 팔아 가난한 자들에게 나눠주면 더 좋았을 것이라고 마리아를 비난합니다. 그러나 예수님은 갸롯 유다의 편에 서지 않았습니다. 예수님은 마리아가 해야 할 일을 하였다고 말씀하시며, 말씀이 전해지는 곳에서는 그녀의 이야기도 같이 전해져 질 것이라고 말씀하셨습니다. 저는 예수님께서 왜 그런 대우를 받기 원하셨는지 이해하기 어려웠습니다. 비싼 향유를 깨트리고, 머릿결로 발을 닦는 여인을 만류하지 않으시고 오히려 칭찬하시는 것이 이해되지 않았습니다. 그러나 신앙에 대해서 조금 깨닫고 나서, 왜 예수님께서 그렇게 말씀하셨는지 알게 되었습니다. 마리아의 행동은 최선을 다해 예수님께 인격적인 승복을 하는 것이었습니다. "주님, 저는 주님 없이는 살 수 없는 존재입니다. 주님 제가 당신의 발을 닦을 수 있는 영광을 주셔서 감사합니다." 마리아는 철저하게 주님 앞에 낮아지며 주님께 승복하였습니다. 예수님은 마리아의 그러한 신앙의 승복을 칭찬하고 계신 것입니다. 누구나 해야 하지만, 누구나 쉽게 할 수 없는 것이기 때문입니다.

주님 앞에 이렇게 인격적으로 승복한 경험들이 있으신가요? 철저하게 낮아져서 주님 없이는 살아갈 수 없다고 고백한 적이 있으십니까? 아마도 한 번쯤은 주님 없이는 살아갈 수 없다고, 주님의 은혜로 살아가는 것이라고 고백한 적이 있을 것입니다. 철저하게 주님만 따르겠다고 결단한 순간들이 있으실 것입니다. 그런데 그 결단대로 살아가고 계십니까? 승복한 대로 살아가고 계십니까? 지금 그렇게 살고 있지 못한다면, 나는 또 다른 차원에서 길을 잃어버리고 있는지 모릅니다. 그렇기에 소외되고 외로운 시간들을 통해 하나님 없이는 단 한 순간도 살아갈 수 없는 존재라는 사실을 더욱 깊이 깨닫고 주님께로 나올 수 있기를 원합니다. 그리고 주님께 모든 것을 내어 맡기고 주님만을 온전히 의지할 수 있기를 원합니다.

잃어버린 자와 관계를 회복하시는 주님

목자가 잃어버린 양을 걱정하는 것은 양의 물질적인 가치 때문이 아닙니다. 만약에 물질적인 가치를 생각한다면 99마리의 양과 1마리의 양은 비교조차 될 수 없습니다. 그런데 99마리의 양을 들판에 두고, 잃어버린 1마리의 양을 찾아 나서는 것은 잃어버린 양이 아까워서가 아닙니다. 목자와 양과의 관계 때문입니다. 그 양을 너무 잘 알고 있기에 마음이 너무 아프고, 그래서 그 양을 포기할 수 없기 때문에 급기야 찾아 나선 것입니다.

사랑하는 사람과 헤어졌을 때, 또는 사랑하는 사람을 천국으로 보내드렸을 때 많은 사람들이 상실감을 느낍니다. 그 상실감은 그 사람이 가지고 있었던 돈에 대한 가치 때문이 아닙니다. 그 사람과 맺었던 관계 때문에 그 사람과 함께 했던 시간들을 생각하면서 그 추억에서 헤어나오지 못하기 때문입니다. 그 사람에 대한 사랑 때문에 사랑앓이를 하는 것입니다. 양을 잃어버린 것은 관계를 잃어버린 것입니다. 만약에 예수님께서 관계가 아닌 양 한 마리가 가지고 있는 물질적인 가치를 중요하게 생각했다면, 아무 양이나 돈 주고 사 와서 100마리를 채우면 되는 일입니다. 그러나 목자에게 양은 단순히 돈이나 숫자의 개념이 아닙니다. 양과의 사랑의 관계가 중요한 것입니다.

목자와 양은 어떠한 사랑의 관계가 있었을까요? 그 양이 때로는 주인에게 애교도 부렸을 것이고, 또 주인과 함께 오랜 시간을 함께했을 것입니다. 주인에게는 너무나 사랑스러운 양이었을 것입니다. 그런데 그 양은 자신의 고질적인 습성을 버리지 못하고, 늘 그랬던 것처럼 양의 습성대로 목자를 떠나 자기가 원하는 길을 간 것입니다. 성경은 "우리는 모두 양 같아서 그릇 행하여 각자 제 길로 갔다(사 53:6)"

고 기록하고 있습니다. 양은 자신이 원하는 곳으로 갔지만, 그때부터 목자는 그 양과 맺었던 사랑 때문에 사랑앓이를 하기 시작합니다. 가슴이 너무 아파서 잠도 자지 못하고 밤새 양을 찾아 헤매입니다. 이것이 목자의 심정입니다. 이것을 하나님과의 관계에 적용해 보자면, 나는 하나님과 좋았던 관계를 잊어버릴 수 있습니다. 그러나 하나님은 양을 잃어버린 순간, 그 양을 사랑했던 시간들을 떠올릴 것입니다. "네가 나에게 간절히 기도한 적이 있었지… 나 없이는 살 수 없다고 고백했었지… 내 뜻대로만 살겠다고 결단했었지… 많이 울었었지…" 하나님은 그 시간들을 생각하며 잃어버린 양을 떠올리는 것입니다. 또는, "네가 아플 때 내가 네 병을 고쳐줬었잖아. 그때 네가 얼마나 기뻐하며 그 사실을 간증했었니?" 이러한 생각들에 가슴이 메일 것입니다. 이것이 목자의 사랑입니다.

저의 어머니가 천국 가신 지 7년이 지났습니다. 그런데 지금도 가끔 어머니와의 시간이 떠올라 가슴이 미어지는 경험을 합니다. 늘 저와 통화하실 때, "아들아, 계속 기도한다. 힘내!"라고 말씀하셨던 순간들이 생각납니다. 너무 보고 싶습니다. 물론 천국에서 다시 만날 소망이 있지만, 마음속에서는 아직도 사랑앓이를 하고 있습니다. 아마 천국에서 어머니를 만날 때까지 하게 되겠죠. 그러면서 저는 목자의 마음을 더 깊이 알게 되었습니다. 여러분! 지금 무슨 이유때문에 하나님과 거리를 두고 있는지 모르지만, 하나님은 지금 여러분들과의 관계를 떠올리며, 너무 마음 아프게 사랑앓이를 하고 계십니다. 그 하나님 품으로, 당신을 찾으시는 하나님 앞으로 돌아오십시오!

예수님 시대에 이스라엘의 보통 사람들이 양을 소유하기란 쉽지 않았습니다. 그래서 여러 사람이 공동 출자해서 양을 구입하고 삯 군 목자를 사서 양을 치게 하였습니다. 그런데 본문에 보면, 목자는 "나의 잃은 양(눅 15:6)"이라고 말합니다. 즉, 잃어버린 양과 목자의 관계는 삯 군 목자와의 관계가 아니라, 밀접한 사랑의 관계라는 것을 보여주는 것입니다. 그렇기에 목자는 잃어버린 양을 애타게 찾아 헤매입니다. 바로 나의 잃어버린 양이기 때문입니다. 그 당시 목자들은 양 한 마리 한 마리에 이름을 붙여 부르기도 하였습니다. 이름을 부른다는 것은 관계가 있다는 것을 의미합니다. 이렇게 양에게 이름을 지어 주는 목자는 선한 목자이며, 관계를 중요시한 목자였을 것입니다. 예수님도 선한 목자이십니다! 그렇기에 잃어버린 양을 찾아 나서시며 그 양의 이름을 불러주셨을 것입니다. "양순아, 양순아!" 목이 메이며 양의 이름을 계속해서 부르셨을 것입니다.

목자가 양을 찾아 나서면서 양의 이름을 부르신 것처럼, 예수님은 지금 우리의 삶의 현장에 찾아오셔서 당신의 이름을 애타게 부르고 계십니다. 잃어버린 양이 누구인지 정확하게 알고 있기 때문에 그 이름을 불러 주시는 것입니다. 예수님이 찾아다니시며 부르시는 이름은, '1번 양', '2번 양', '3번 양'으로 호칭 되지 않습니다. 아무 의미 없는 호칭을 사용하지 않으시며, 잃어버린 그 양을 정확히 아시고 그 양의 이름을 불러 주십니다. 성경의 기록을 보면 예수님께서 사람들의 이름을 정확하게 부르시는 장면이 자주 나옵니다. "삭개오야, 내려오너라." 삭개오는 한 번도 예수님을 본 적이 없지만, 예수님은 삭개오의 이름을 불러 주셨습니다. 그리고 "요한의 아들 시몬아, 네가 이 사람들보다 나를 더 사랑하느냐?"라고 질문하시며 시몬의 이름을 불러 주셨습니다. "마리아야, 마리아야, 울지 마라!" 주님은 울고 있는 마리아의 이름을 불러 주셨습니다.

그러므로 양을 잃어버렸다는 것은 관계를 잃어버렸다는 것이고, 관계를 잃어버린 목자는 그 관계 안에 담겨 있는 사랑 때문에 고통스러워합니다. 수없이 많은 관계를 송두리째 잃어버린 격이 되기 때문입니다. 그래서 목자는 위험이 따르는 밤중에도, 비탈길을 가야 하는 어려움에도, 양을 찾아 나섭니다. 예기치 못한 많은 위험이 있을 수 있지만, 그것보다 더 중요한 것은 관계 때문에, 그 잃어버린 양을 찾아 나서는 것입니다. 이것이 목자의 집념입니다. 캄캄한 밤, 도적의 위험, 강도의 위험, 지형지물의 위험 등 많은 위험이 있지만, 그 어떤 것도 양을 찾아야겠다는 목자의 집념을 무너뜨리지 못합니다. 그런데 이러한 목자에게 두려운 게 딱 하나가 있습니다. 그것은 바로 양을 찾기 전에 그 양이 악한 것들에 잡혀 죽거나 혹은 굶어서 죽는 것입니다. 그렇기에 목자는 사랑을 가지고 포기하지 않고 끝까지 찾아다닙니다. 하룻밤을 찾아 헤매었을 수 있고, 몇 달을 찾아 헤매었을 수도 있습니다. 그러나 포기하지 않습니다. 예수께서 이 땅에 오신 이유가 바로 그것입니다. 구약의 길고 긴 시간 동안 수많은 선지자를 보내 잃어버린 영혼들을 부르셨지만, 그들은 돌아오지 않았습니다. 그래서 하늘에 보좌를 버리시고 직접 내려오신 것입니다. 한 번 찾는 것이 아니라 찾고 또 찾는 것입니다. 그렇게 찾아다니시며 살리고 회복하기를 원하시는 것입니다.

  예수님을 만난 사람들의 공통적인 특징 중의 하나는 '어느 날 갑자기 예수님을 만났다'는 것입니다. 이처럼 인간의 예기치 않은 시점에서 예수님을 만난다는 것은 예수님께서 찾고 찾아다녔기 때문에 가능한 일입니다. 만약에 예수님이 찾고 또 찾아다니지 않았다면, 어느 날 갑자기 우리가 의도하지도 않았는데 예수님을 만나는 축복을 누릴 수 없었을 것입니다. 성경에서, 목자는 양을 잃은 양을 찾아 어깨에 메고 돌아오는 모습을 보여줍니다. 목자가 양을 찾은 기쁨을 보여주는 것입니다. 목자는 양을 찾았을 때, 잃어버린 관계를 모두 다시 찾았기에 너무 기쁜 것입니다. 잃어버린 양은 지금껏 길을 헤매며 자신의 힘으로 길을 걸어야 했지만, 목자를 만났을 때는 자신의 다리로 걷지도 않고 목자의 어깨에 걸쳐져 목자의 힘으로 걸어가게 되었습니다. 그래서 성경은 잃어버린 양들을 이렇게 초청합니다. "수고하고 무거운 짐 진 자들아 다 내게로 오라(마 11:28)" 내 몸에 너무 많은 오물과 더러움 때문에 목자의 품에 안길 수 없다고 말하지 마십시오. 목자는 그런 것을 개의치 않습니다!

소외되어 외로운 사람들에게 주시는 축복

예수님의 생애를 기록하고 있는 복음서에는 세리나 창녀들이 자주 등장합니다. 그 당시 세리나 창녀들은 죄인이라는 낙인이 찍혀 있었던 사람들입니다. 면전에서 죄인이라고 손가락질받는 사람들이었습니다. 만약 누군가 세리나 창녀들과 어울린다면, 그 역시도 같은 부류로 취급받을 수밖에 없기 때문에 감히 그들과 어울리려는 사람이 없었습니다. 그렇기에 세리와 창녀들은 사회적으로 소외된 자들이었습니다. 그들은 사회적으로 소외되었을 뿐만 아니라, 그러한 사회적인 분위기 속에서 정서적으로도 소외될 수밖에 없는 사람들이었습니다.

이렇게 사회적으로, 정서적으로 소외된 세리나 창녀들은 의지할 사람이 없었습니다. 사회적으로도 의지할 사람이 없었지만, 신앙적으로도 하나님께 버림받은 죄인이라고 생각했기에, 늘 마음속에 서러움과 외로움이 가득했습니다. 그런데 예수님은 모든 사회적인 관습을 깨시고 세리와 창녀들을 기꺼이 만나주셨습니다. 단지 만나주신 것뿐만이 아니라, 먼저 찾아가시기도 하시고, 제자를 삼아주시기도 하셨습니다. 예수님은 사회적으로, 정서적으로 소외되어 진정한 위로와 긍휼이 필요한 그들의 친구가 되어 주신 것입니다.

그러나 사회적으로, 신앙적으로 명성이 있고 중심에 있었던 바리새인과 서기관들은 예수님의 모습이 못마땅했습니다. 이렇게 세리와 창녀들과 어울리는 예수님을, 바리새인들은 세리와 죄인의 친구(마 11:19, 눅 7:34)라고 비난한 것입니다. 세리와 창녀들은 죄인이고 죄인들은 멸망을 받아야 마땅한 자들인데, 그런 죄인들과 친구가 되어 주시는 예수님을 받아들일 수 없었던 것입니다. 죄를 지었다면 마땅히 그 죄의 값으로 멸망을 받는 것이 옳다고 생각했기에, 죄인들이 돌아와서 구원받는 것을 원하지 않았던 것입니다. 그래서 바리새인과 서기관들은 잃어버린 영혼을 향한 하나님 아버지의 마음을 이해할 수 없었고, 예수님을 메시아로 받아들이고 구원받을 수도 없었습니다.

그러나 예수님은 병든 자에게 의원이 필요한 것처럼, "의인이 아닌 죄인을 구원하러 오셨다(막 2:7)"고 선포하셨습니다. 예수님은 소외되고 외로운 자들의 친구가 되는 것을 기뻐하셨고, 죄인들을 구원하시는 것이 자신의 사명이라고 말씀하신 것입니다. 이렇게 예수님이 소외되고 외로운 자들을 찾아와 친구가 되어주셨을 때, 그들은 예수님을 환영하며 맞이하였고 예수님의 말씀을 즐겨 듣고 순종하는 자가 되었습니다. 하나님 아버지와의 끊어진 관계를 회복하고 온전히 주님을 따르는 자가 된 것입니다.

사실 우리도 잃어버려진 자들이었습니다. 그런데 목자의 헌신 때문에 목자를 다시 만날 수 있었던 것이지요. 그러나 이 시간, 다시 한 번 돌아볼 수 있기를 바랍니다. 교회는 빠지지 않고 나가는데, 신앙생활은 유지하고 있는데, 혹시 눈물이 메말라 있지는 않으십니까? 하나님과의 인격적인 관계가 끊어진 것은 아닙니까? 예수님은 지금, 이 시간에도 잃어버린 한 마리의 양을 찾고 계십니다. 예수님은 지금도 관계가 끊어져 소외되고 외로운 자들을 찾아 그 관계를 회복하기 원하십니다.

이 장의 핵심은 이것입니다. 한 마리의 양을 잃어버렸을 때 목자가 그 양을 찾아 나선 이유는 그 한 마리의 물질적인 가치 때문이 아닙니다. 관계 때문입니다. 사랑하는 사람을 잃어버린 경험이 있으십니까? 사랑하는 사람과 헤어져 보신 경험이 있으십니까? 그 관계 때문에 얼마나 깊이 있는 사랑앓이를 해보셨나요? 만약에 그런 경험이 있으시다면, 한 마리의 잃어버린 양을 찾아 나선 목자의 심정을 이해하실 것입니다. 지금 이 시간, 그 목자가 당신의 이름을 부르고 계십니다. '요한의 아들 시몬아! 마리아야!' 예수님은 한사람, 한 사람의 이름을 부르시며 인격적으로 다시 만나주시길 원하십니다.

2장
왜 하나님은 나를 사랑하실까 질문하는 자들에게

　우리는 종종 하나님께서 나를 왜 사랑하실까? 생각할 때가 있습니다. 하나님은 행위를 보시지 않고 중심을 보시는 분이라는 것을 알지만, 우리가 스스로 자신을 생각할 때 죄인이라는 생각을 지우기 어렵기 때문입니다. 하나님의 뜻대로 잘 살지도 못하였고, 또 경건히 생활하지도 못하였는데, 교회만 가면 '하나님이 너를 사랑하신다'를 소리를 듣게 되고, 성경을 펴면 '하나님이 너를 포기하지 않으신다'는 내용을 읽게 되기 때문입니다. 특히 엄청난 잘못을 저지르거나 죄를 범하였을 때는 '정말 하나님께서 이러한 나를 사랑하실까?' 진지하게 묻게 되지요. 정말로 하나님은 죄짓고 살아가는 나를 사랑하시나요? 나를 포기 하지 않으시나요? 그렇다면, 왜 나를 사랑하시고 포기하지 않으시나요? 성경에서 그 답을 찾아보려 합니다.

누가복음 15장에 나오는 탕자의 비유는 너무나도 익숙한 이야기입니다. 저 또한 종종 탕자의 비유를 들었었고 또 말씀을 전해왔지만, 탕자의 비유에서 이해되지 않는 것이 두 가지 있었습니다. 첫 번째는, "탕자는 풍족하고 부유하게 살아가는 집안의 아들이었는데 왜 집을 뛰쳐나갔을까?" 하는 것이었습니다. 부족한 것이 없는 풍족한 삶을 살았을 텐데 왜 아버지를 떠나갔는지 이해가 되지 않았던 것입니다. 두 번째는, "왜 아버지는 탕자를 포기하지 못하고 기다리는 것일까?"하는 의문이었습니다. 단지 아버지이기 때문에 떠나 버린 아들을 기다린 것일까요? 탕자는 아버지가 돌아가신 후에나 받을 수 있는 유산을 미리 달라고 요구했을 뿐만 아니라, 그 돈을 다 가지고 떠나가 버렸습니다. 괘씸하기 짝이 없는 이런 아들을 애타게 기다리는 아버지의 모습이 저로서는 이해되지 않았습니다. 그런데 이 두 가지를 고민하다 보니, 왜 하나님은 죄인인 나를 사랑하시는지 깨달을 수 있었습니다.

인간이 가진 가장 근본적인 문제

둘째 아들은 왜 아버지를 떠났을까요? 물론 아버지와 관계가 좋지 않았다면 집을 나올 충분한 이유가 됩니다. 그런데 성경을 보면, 아버지와 아들의 관계가 나빠 보이지 않습니다. 만약 관계가 좋지 않았다면, 아들이라도 아버지께 유산을 미리 달라고 요구하기도 어려웠을 뿐만 아니라, 아버지는 집을 떠난 아들을 애타게 기다리지도 않았을 것입니다. 그렇다면 무슨 문제가 있었을까요? 아마 이 질문에 대한 답은 인간이 가지고 있는 가장 근본적인 문제에서 찾아야 할 것 같습니다. 그것은 인간 누구나 가지고 있는 죄 된 본성의 문제입니다. 사람은 누구나 틀 안에 갇혀있기를 싫어하고 자유롭게 살고 싶은 마음을 가지고 있습니다. 어느 누구에게도 구속되고 싶지 않은 마음이 있는 것입니다. 그것은 부모에게서도 마찬가지입니다. 부모의 틀 안에서 벗어나 자신 뜻대로 살고 싶은 욕구가 있는 것이지요. 그것은 최초의 인간이 에덴동산에서 선악과를 따 먹으며 하나님처럼 되고 싶어 했던 모습에서 그 기원을 찾을 수 있습니다. 인간은 자신이 하나님이 되어 자신의 의지대로 모든 것을 좌지우지하며 살고 싶은 마음이 있었던 것이지요. 그런데 여기에 문제가 있습니다. 사람은 처음 창조될 때부터 창조주인 하나님과의 관계 안에서 교제하며 만족을 누리고 행복을 느끼며 살아가도록 만들어졌기 때문입니다. 에덴동산에는 어느 것도 부족함이 없었어도, 인간은 스스로 자신의 삶에 주인의 역할을 할 수 있는 하나님이 되고 싶어서 뱀의 유혹을 받아 선악과를 따먹었던 것입니다.

창세기 3장을 보면, 뱀은 아담에게 접근하여 자신이 모든 것의 주인이 되고 싶은 마음을 건드렸습니다. "선악과를 따먹으면 하나님처럼 될 수 있다(창 3:5)"는 말은 "하나님의 간섭으로부터 벗어나 네 스스로 하나님이 되어 네 자신의 주인으로 살 수 있다!"는 유혹이었습니다. 부족함이 없었던 에덴동산이었기에 어느 것으로도 유혹이 될 수 없었지만, 네가 하나님이 되어 네 삶의 주인이 될 수 있다는 말은 최초의 인간에게 충분히 유혹될만하였습니다. 그러나 그것은 거짓 유혹이었습니다. 선악과를 따 먹어도 인간은 하나님이 될 수 없습니다. 그 어떤 방법으로도 인간은 하나님이 될 수 없습니다. 하나님은 창조주이시고 인간은 피조물이기 때문입니다. 그러나 인간은 그 거짓된 유혹에 넘어가 죄를 지었습니다. 그러므로 죄란 '내가 높아져 스스로 하나님이 되고자 하는 모습'이라고 정의할 수 있을 것입니다. 그 이후로, 인간은 하나님으로부터 벗어나, 한계 있는 자신이 삶의 주인이 되어 자신의 뜻대로 살아가고 있습니다. 분명한 삶의 한계를 느끼면서도 말이지요! 여전히 매일 실패하는 삶을 살면서도, 어느 누구에게도 종속되지 않고 간섭받지 않으며 살아가려고 합니다. 이러한 성향이 강하다 보니, 아파도 아프다는 소리를 잘하지 못하고, 힘들어도 힘들다는 소리를 잘하지 못합니다. 모든 것이 괜찮은 듯, 가면을 쓰고 살아갑니다. 이 세상의 모든 사람들이 이러한 '페르소나' 즉, 가면을 쓰고 살아갑니다. 이것이 우리의 모습입니다.

죄를 짓고 하나님으로부터 떠난 인간은 실패할 수밖에 없는 존재입니다. 모든 인간은 실패할 수밖에 없는 본질적이고 존재적인 결함을 가지고 있습니다. 이것은 하나님의 창조에 결함이 있었다거나 불완전했다는 뜻이 아닙니다. 하나님은 인간을 만드시고 "보시기에 심히 좋았다(창 1:31)"고 말씀하셨습니다. 그러나 인간은 자신에게 주어진 자유 의지를 잘못 사용하게 되었을 때, 실패를 경험하게 된 것입니다. 성경은 이러한 인간의 본질적인 실패, 인간의 속성과 성품 안에 들어있는 선천적인 불순종, 반역, 타락, 부패, 허물, 결함을 한마디로 "죄"라고 표현하였습니다. 그래서 성경은 문자 그대로는 거룩한 경전이라는 의미를 내포하고 있지만, 내용상으로 따져보자면 세상의 어떤 책보다도 더 더럽고 지저분한 내용을 담고 있다고 할 수 있지요. 왜냐하면, 성경에는 온갖 인간의 실패와 죄상들이 기술되어 있기 때문입니다. 사실 인간의 이야기는 실패의 이야기이고, 죄 된 삶의 이야기입니다. 그래서 오죽했으면 기독교가 한국에 처음 들어왔을 때, 대부분의 유교 학자들은 성경을 '쌍놈들의 책'이라고 거부했다고 합니다. 이것은 성경이 인류의 실패와 죄를 그대로 증거하고 있기 때문입니다. 성경은 위대한 하나님의 말씀이기도 하지만, 동시에 인간의 죄상을 적나라하게 폭로하는 솔직한 책입니다. 진단이 제대로 되어야 병을 고칠 수 있는 것처럼, 성경이 인간의 모든 죄를 진술하게 기록한 것은 인간을 온전히 회복시키기 위함이었습니다.

자유 의지의 잘못된 사용

탕자의 비유는 이러한 인간의 죄 성을 쉽게 이야기로 표현하고 있습니다. 아무런 아쉬움도 부족함도 없어 보이는 부잣집 둘째 아들이 있었습니다. 그것은 표면적으로 보이는 모습이었고, 내면에는 아버지로부터 벗어나고 싶은 마음으로 가득 차 있었습니다. 아들로서 이러한 마음을 갖는 것 자체가 잘못되었다고 말할 수는 없을 것입니다. 독립된 인격체로 자신의 삶을 살아가겠다는 것은 당연한 권리일 수 있기 때문입니다. 그렇다면 무엇이 잘못된 것일까요? 그것은 아버지로부터 벗어나고 싶은 마음을 실천한 방법이었습니다. 그것은, 아직 살아있는 아버지에게 유산을 청구하여 받아내는 것이었지요. 예수님 시대의 유대인들은 아버지가 죽기 전까지는 자식에게 유산을 배분하여 나눠주지 않았습니다. 그런데 둘째 아들은, 아직 죽지도 않은 아버지를 상대로 유산을 달라고 한 것입니다. 이는 살아계신 아버지를 더 이상 살아 있는 아버지로 여기지 않겠다는 의지의 표현입니다. 이제부터 아버지를 죽은 분으로 생각하고 살겠다는 것입니다. 아버지 없이 살아가겠다는 표현인 것이지요. 이것이 바로 성경에서 말하는 죄입니다.

이미 언급하였지만, 인간의 타락은 바로 여기에서부터 시작되었습니다. 창세기 3장을 보면 뱀이 인간을 유혹했을 때, 인간이 가지고 있는 자유 의지에 미끼를 던졌습니다. 자유 의지를 가지고 있다는 것은 잘못된 것은 아닙니다. 그 자유 의지를 주신 분이 하나님이시기 때문입니다. 그러나 뱀이 자유 의지에 미끼를 던졌을 때, 아담은 뱀의 미끼를 덥석 물고 창조주의 자리까지 올라가고 싶어졌습니다. 그래서 하나님과 한마디의 상의도 없이 하나님의 명령을 어기고 선악과를 따먹었습니다. 하나님을 더 이상 하나님으로 여기지 않고, 하나님 없이도 잘 살 수 있다고 생각한 것입니다. 탕자도 마찬가지입니다. 자유롭게 살고 싶은 생각은 누구나 가질 수 있지만, 둘째 아들은 그것을 잘못된 방법으로 실천한 것입니다. 둘째 아들은 더 이상 아버지를 아버지로 여기지 않고, 살아계신 아버지를 이미 죽은 사람으로 취급하면서 아버지를 떠나간 것입니다.

아담과 하와가 선악과를 따먹었어도 하나님이 될 수 없었듯이, 둘째 아들이 아버지를 죽은 아버지로 여기며 떠났다고 할지라도, 아버지는 죽은 아버지가 될 수 없었습니다. 이것은 불변의 진리입니다. 아무 부족함이 없었던 둘째 아들은 아버지를 떠나기 위해 자유 의지를 잘못 사용하면서 그에게 모든 비극이 시작되었습니다. 인간의 모든 고통은 여기서부터 시작됩니다. 아무 부족함 없었던 하나님의 품을 떠나 자기 힘으로 잘살아보고자 했으나, 인류의 역사가 증명하는 것은, 인간이 문명을 발전시키면 시킬수록 더한 고립과 고통이 찾아왔다는 것입니다. 문명을 발전시키는 것 자체는 잘못은 아니지만, 문명의 발전이 인간에게 진정한 행복을 가져다주지 못하였고, 인간은 여전히 고통 가운데 머물러 있다는 것입니다. 때로는 더 큰 고통을 경험하기도 합니다.

아버지의 기다림에서 시작되는 회복

탕자의 비유에서 이해가 되지 않는 또 하나는, "왜 아버지는 아들을 기다리는 것일까?"라는 것입니다. 아버지는 둘째 아들에게 받을 수 있는 모욕은 다 받으면서도, 줄 수 있는 것은 다 주었습니다. 살아 있는 아버지에게 이제부터는 죽은 아버지로 여기겠다는 것은 최고의 모욕입니다. 살아있는 아버지를 향해서 죽으라고 말하는 것과 다름이 없기 때문입니다. 이것보다 더 심한 모욕이 어디에 있겠습니까? 그런데도 아버지는 아들이 떠난 후로부터 아들을 잊지 못하고 기다립니다. 그렇게 기다리다가 거지꼴로 돌아오는 탕자를 측은히 여기며 달려가 안아주면 맞이하고 잔치를 베풀어줍니다. 말도 안 되는 이야기입니다. 그래서 첫째 아들의 비난이 더 정당해 보이기까지 합니다. 그냥 비유이니까 그럴 수 있다고 생각할 수 있습니다. 그러나 예수님은 이 비유를 통해 성경의 진리를 이야기로 쉽게 설명해 주셨습니다. 복음의 진리가 이 탕자의 비유 안에 담겨져 있는 것입니다.

그렇다면 왜 아버지는 그 아들을 포기하지 못하고 기다려야만 할까요? 왜 아버지는 모든 것을 잃고도 아들을 기다리는 것일까요? 아버지이기 때문에 무조건 기다려야 하는 것은 아닙니다. 먼저 떠나간 것은 아들이니까요. 아버지를 이미 죽은 사람으로 여긴 것은 아들이기 때문입니다. 아버지가 아들을 기다린 가장 큰 이유는, 아들과의 관계 때문입니다. 아들과 함께 한 시간 동안 아들과 쌓아온 관계 때문입니다. 아버지에게 부족한 다른 것들은, 돈이나 세상이 자랑할 만한 것들로 대체 할 수 있습니다. 그러나 결코 대체할 수 없는 한 가지가 있는데, 그것은 관계입니다. 아들과의 관계 때문에, 아버지는 손해를 감수하면서 자신의 모든 것들을 내놓은 것입니다. 아들은 자신의 욕망을 따라 행동했지만, 아버지는 아들과의 관계를 귀하게 여기며 행동한 것입니다. 아들은 관계의 중요성을 모르지만, 아버지는 관계의 중요성을 압니다. 기독교 신앙에 있어서도 마찬가지입니다. 하나님을 신앙한다는 것은, 하나님과의 관계 안으로 더 깊게 들어가고 더 친밀해지는 것을 의미합니다. 기독교 신앙은 맹목적으로 신을 섬기는 것이 아니라, 하나님 아버지와의 관계를 쌓아 가는 것입니다. 이러한 하나님과의 관계는 세상의 어떤 것으로도 살 수 없습니다. 그렇기에 하나님은 관계를 무엇보다 중요하게 여기십니다. 그렇기에 하나님은 그 관계를 회복시킬 수만 있다면 모든 것들을 다 내어 주실 수 있는 분입니다. 예수님은 탕자의 비유를 통해 이 진리를 가르쳐 주고 계십니다. 이 사실이 가장 강조되어야 할 핵심입니다.

구약에서 신약으로 이어지는 가장 중요한 성경의 진리는 아버지와 아들의 관계입니다. 하나님은 "너는 나의 아들이 되고, 나는 너의 진정한 아버지가 되었으면 좋겠다!"고 지속적으로 말씀하고 계십니다. 그래서 아버지는 아들을 포기할 수 없습니다. 왜냐하면 관계를 회복시켜야 하기 때문입니다. 관계는 사랑의 집합체입니다. 그런데 관계를 회복하기 위해서 필요한 것이 두 가지 있습니다. 첫째는, 관계를 깨뜨린 자가 관계를 회복하기로 결단해야 합니다. 둘째는, 아무리 아들이 결단을 한다고 할지라도, 상대편인 아버지가 기다리지 않고 받아들이지 않으면 아무 소용이 없습니다. 아버지가 아들을 기다리고 있다는 전제가 있어야 관계가 회복될 수 있습니다. 설령 아들이 관계를 회복하고자 하는 의지가 전혀 없다고 하더라도, 아버지가 아들을 기다리는 이유는, 아버지가 기다리지 않는다면 관계의 회복은 아예 가능성조차 없는 일이 되기 때문입니다. 그렇기에 아버지는 아들이 돌아올 가능성이 얼마인지 상관없이, 아들에게 기회를 주기 위해 기다리는 것입니다. 아들이 돌아올 수 있는 전제조건을 미리 충족하고 계신 것입니다. 아들이 결단만 한다면, 아들이 돌아오기만 한다면, 이미 전제조건은 충족되어 있기 때문에 관계가 회복될 수 있습니다. 이것이 예수께서 탕자의 비유를 통해 가르쳐 주신 성경의 진리입니다.

아버지의 기다림 속에 변화되는 아들

누군가는 이렇게 질문하기도 합니다. "아들이 집을 떠난다고 할 때, 아버지가 아들을 만류하며 앞으로 일어날 수 있는 일들을 아들에게 미리 이야기해 주면 더 좋지 않았을까요?" 물론 그런 생각을 할 수 있을 것입니다. "내가 죄를 짓기 전에 하나님께서 미리 막아주시면 죄를 짓지 않을 텐데…" 하는 생각을 누구나 한번은 해 보았듯이 말입니다. 그런데 사실 내 자신이 더욱 잘 알고 있는 진리가 있습니다. 하나님은 이미 죄짓지 말라고 경고하셨다는 것입니다. 그리고 죄를 짓기 전에 여러 가지 방법으로 말씀해 주시기도 하십니다. 그러나 그 말씀을 절대 듣지 않는 것이 죄 된 본성이고, 바로 나라는 존재입니다. 아담과 하와에게 하나님은 미리 얘기해 주셨습니다. 선악과를 따먹으면 죽는다는 사실을요. 또한, 하나님은 가인에게 "죄가 너를 원하나 너는 죄를 다스려라(창 4:7)"라고 미리 말씀해 주셨습니다. 그러나 아담과 하와는 선악과를 따먹었고, 가인은 동생 아벨을 죽였습니다. 이미 마음에 결심하고 아버지께 유산을 달라고 하는 아들을 만류한다고, 아들은 아버지의 말을 듣지 않습니다. 그렇게 순종할 수 있는 아들이었다면, 일방적으로 요구하기 전에 아버지와 먼저 상의했을 것입니다. 그러나 아들은 아버지에게 와서 일방적으로 자신의 결단을 선포합니다. 그러한 아들을 향해 아버지가 할 수 있는 일은 아들이 원하는 대로 해주는 것입니다.

그러나 아버지는 아들이 스스로 이 관계가 얼마나 중요한지를 깨닫고 사랑앓이를 하며 인격적인 결단을 하고 돌아와야만 모든 것이 회복될 수 있다는 사실을 알고 있습니다. 그래서 아버지는 아들에게 닥칠 일들을 알면서도, 눈물을 머금고 보내는 것입니다. 아들이 하루라도 빨리 돌아오기를 기다리고 계신 것입니다. 아들이 스스로 깨닫고 돌아와야만, 관계가 사랑이라는 것을 깨닫고 다시는 관계를 깨뜨리지 않을 것이기 때문입니다. 이것이 아버지의 아픔입니다. 이것이 아버지이신 하나님이 당신의 자녀들을 대하시는 인격적인 사랑의 방법입니다. 때로는 우리가 하나님을 거역하고 불순종할 때에도 모든 것이 형통할 때가 있습니다. 왜 그렇습니까? 하나님이 막지 않기 때문입니다. 하나님은 스스로 깨닫고 돌아오기를 바라시는 인격적인 분이시기 때문입니다. 그런데 그 순간 착각할 수 있습니다. "하나님을 떠나도 잘 살 수 있구나!", "관계가 깨어져도 잘 될 수 있구나!"

그러나 그것은 하나님이 인격적이시기 때문에, 간섭하지 않고 기다리셔서 가능한 것입니다. 주님은 경험 속에서 스스로 깨닫는 것보다 더 강력한 결론은 없다는 것을 알고 계시기에, 마음이 타들어가는 고통 속에서도 아들을 떠나보내고 기다리시는 것입니다. 마음속으로 울며 기다리는 것입니다. 아들은 힘들고 어려워도 자신이 결단한 것이기 때문에 그렇게 살아갑니다. 마치 아무렇지도 않은 척 가면을 쓰고 살아갑니다. 그러나 아버지는 자식이 겪는 어려움보다 자식이 당하는 고통보다 더 큰 아픔을 가지고 기다리고 계십니다. 그 가면을 벗고 인격적인 결단을 하고 깨달아 돌아오기를 기다리고 계십니다. 돌아올 수만 있다면, 그 아버지에게는 아까운 것이 없습니다. 이것이 차원 높은 사랑입니다.

기다림 속에 찾아오는 돌아갈 시간

아버지를 떠난 탕자는 세 가지를 경험합니다. 첫 번째는 돈을 다 탕진한 것입니다. 두 번째 그 땅에 기근이 왔습니다. 그리고 세 번째 먹을 것이 없을 정도로 궁핍해졌습니다. 탕자는 많은 유산을 상속받았을 것입니다. 그런데 자신 뜻대로 돈을 쓰기 시작했더니 한순간 사라지는 것이었습니다. 그 많은 유산을 다 허비하고 빈털터리가 되었을 때 얼마나 허전했을까요? 이런 사건들을 경험하면서 탕자가 깨달아야 할 것이 있습니다. 그것은 그때가 바로 아버지께로 돌아갈 때라는 것입니다.

언제가 돌아가야 할 때입니까? 첫 번째는 돈을 다 탕진했을 때입니다. 내가 가지고 있다고 생각하고 있던 것들을 다 잃어버리고, 다 나를 떠나갔을 때입니다. 무엇인가 내가 가지고 있던 것들을 잃어버리고 있다는 생각이 들었을 때가 있지 않았습니까? 나는 열심히 모으고 있는데, 어딘가 구멍이 뚫린 것처럼 슬슬 빠져나가고 있다고 느낄 때가 바로 돌아올 때입니다. 두 번째, 그 땅에 기근이 왔을 때입니다. 많은 사람들이 이것을 하나님의 사인으로 받아들이지 못하는 이유는, 기근이 그 사람에게만 임하는 것이 아니기 때문입니다. 자연적인 재해로 모든 사람에게 닥쳤기 때문에 나에게 말씀하시는 하나님의 사인임을 눈치채지 못할 때가 있는 것입니다. 때로 나도 어려운데 주변의 환경도 덩달아 어려워지는 것을 경험한 적이 있을 것입니다. 그런데 그때 사람들은 자신의 잘못으로 자신만 겪는 고난이 아니기 때문에, 자신의 책임이라고 생각하지 않는 경향이 있습니다. 그러나 모든 사람들이 겪는 고난 속에서도 내가 가진 것을 잃어버렸다면, 하나님이 나에게 말씀하시는 특별한 사인이 아닌지 점검해 보아야 합니다. 그때가 돌아가야 할 때입니다.

마지막 세 번째는 궁핍해졌을 때입니다. 가진 돈도 다 써버렸고,

그 땅에 기근도 와서 더 이상 내 힘으로 살아갈 수 없을 때입니다. 이때가 마지막입니다. 마지막 찬스인 것입니다. 하나님은 한 번에 끝까지 몰고 가지는 않으십니다. 단계를 주시는 것 같습니다. 첫 번째 단계에서 돌이킬 수 있다면 가장 좋을 것입니다. 그런데 첫 번째 단계를 놓쳤다면, 두 번째 단계에서 돌이킬 수 있기를 바랍니다. 그런데 두 번째 단계도 놓쳐버렸다면, 탕자처럼 마지막 단계에서라도 돌아올 수 있기를 바랍니다. 하나님은 한시라도 빨리 돌아오기를 기다리고 계십니다. 더 아플 때까지 버티지 말고 어서 오라고, 어서 빨리 돌아오라고 애타게 부르고 계시는 것입니다. 채찍 맞아 아파도 돌아오기만 한다면 아버지의 손으로 고치시고 싸매서서 온전히 회복시켜 주실 것입니다.

그런데 탕자가 아버지께로 돌아가기 전에 결단했던 일이 있습니다. 하나님께로 돌아가기 위해 반드시 해야 할 일이 있는 것입니다. 탕자는 아버지께 돌아가기 위해 방해가 되는 한 가지를 떠올렸습니다. 그것은 '아들'이라는 자격이었습니다. 탕자는 '아들'이라는 자격을 내려놓고 포기합니다. 더 이상 하나님 앞에 내려놓을 것이 없다고, 다 허비하고 아무것도 가진 것이 없다고 말하기 전에, 생각해 볼 것이 있습니다. 하나님께로 돌아가고 싶은데 무엇이 발목을 잡고 있는지 말입니다. 하나님 앞으로 돌아가지 못하도록, 하나님 앞에 굴복하지 못하도록 만드는 것이 무엇인지 떠올리고, 그것들을 하나님 앞에 내려놓으셔야 합니다. 반드시 있을 것입니다. 쉽게 떠오르지 않는다면 하나님께 가르쳐 달라고 기도해야 합니다. 그리고 그것을 내려놓으십시오. 그래야 아버지께로 달려갈 수 있습니다. 발걸음이 가벼울 수 있을 것입니다.

탕자는 아들이라는 자격을 내려놓았을 때, 비로소 아버지께로 돌아갈 수 있었습니다. 그런데 모든 것을 다 잃어버리고 거지꼴로 돌아오는 아들을 아버지가 먼저 보았다고 성경은 말합니다. 아들은 아버지께 돌아가면서도 아버지가 기다리실 것을 상상하지도 못했을 것입니다. 그렇기에 쭈뼛거리며 마을 어귀로 들어서는데 아버지가 먼저 아들을 발견하고 달려갑니다. 이것이 아버지의 마음입니다. 아버지는 지속적으로 아들을 기다렸기 때문에 먼저 아들을 발견하고 아들에게로 달려갈 수 있었습니다. 그리고 측은히 여기면서 안아 줍니다. 아버지가 아들을 측은히 여겼다는 말은, 아버지 마음 깊은 곳에서 나오는 아픔을 보여줍니다. 아들을 향한 아버지의 사랑을 표현하는 말입니다. 성경에는 이와 비슷한 말들이 많이 있습니다. '민망히 여기사', '불쌍히 여기사' 이런 단어들은 사랑이 없으면 가질 수 없는 마음입니다. 사랑에서 흘러나오는 측은한 마음이 있었기에, 냄새가 나도 남루한 옷을 입고 거지꼴로 돌아왔어도 아버지는 아들을 끌어 안고 입을 맞출 수가 있었습니다. 하나님은 지금도 우리를 측은히 여기고 계십니다. 온전히 하나님 앞에 굴복하지 못한 우리를 불쌍히 여기고 계십니다. 민망히 여기고 계십니다. 그래서 외치고 계십니다.

"돌아오라! 어서 돌아오라!"

3장
도저히 사랑할 수 없는 사람 때문에 고민하는 자들에게

　인생을 살아가다 보면, 서로의 이해관계 때문에 다툼도 일어나고 진영을 만들어 서로 대립하기도 합니다. 화해하고 풀며 품어서 다시 원위치로 돌아가야 하지만, 서로 간의 골이 너무 깊어 화해를 포기하는 경우가 적지 않습니다. 세상에 수많은 사람들이 있는데 나와 관계가 좋지 않은 사람들과 상종하지 않는다고 큰일이 일어날 것 같지도 않고, 그들의 삶이 나와는 전혀 다르기에 선을 긋고 살아가기도 합니다. 그런데 내 삶의 주변에 이러한 사람들이 있어서 종종 마주친다면, 그리고 그 사람들 보기만 하면 분노가 솟아오른다면 문제가 될 수 있습니다. 사랑해야 하지만, 사랑할 수 없기에 고민하는 경우가 있습니다. 사랑할 수 없다면, 오히려 증오하려는 경향이 있는 것이 우리들의 모습이기도 하구요. 그러나 그 문제를 해결하지 않으면 신앙은 성장하지 않습니다. 내 틀에 갇혀 나를 바라보는 격이 되지요. 나는 잘하고 있는 것 같지만, 여전히 제자리걸음입니다. 이러한 상태가 시간이 흘러 오래되면, 무엇이 문제가 되어 내 신앙이 성장하지 않는지 알지도 못합니다. 예수님은 그러한 유대인에게 지침이 될 만한 말씀을 해 주십니다.

누가복음 10장 25-37절에 보면, 한 율법 교사가 예수님을 시험하기 위해 질문합니다. "선생님, 내가 무엇을 하여야 영생을 얻을 수 있겠습니까?" 그런데 예수님은 "율법에 무엇이라 기록되었으며 네가 어떻게 읽느냐?"고 되물으셨습니다. 율법 교사는 "네 마음을 다하며 목숨을 다하며 힘을 다하며 뜻을 다하여 주 너의 하나님을 사랑하고 또한 네 이웃을 네 자신 같이 사랑하라 하였습니다"라고 대답합니다. 예수님은 율법 교사의 대답이 옳다고 말씀하시며 그대로 행하라고 하셨습니다. 그는 자신을 옳게 보이려고 다시 질문합니다. "내 이웃이 누구입니까?" 율법 교사는 자기가 이웃이라고 생각한 사람에게 율법이 말하는 대로 행하고 있다는 자신이 있었기 때문에 질문했던 것 같습니다. 그런데 예수님은 그에게 "선한 사마리아인"의 비유를 들려주셨습니다. 율법 교사는 그 이야기를 듣고 충격을 받았을 것입니다.

예수님 당시 유대인들에게 사마리아인들은 멸시와 천대, 그리고 증오와 적개심의 대상이었습니다. 그런데 복음서 저자 가운데 누가만이 선한 사마리아인의 비유를 소개합니다. 누가복음만이 이 비유를 소개하는 이유가 무엇일까요? 마태복음에는 '사마리아'라는 단어가 오직 한번, 10장 5절에서 사용되기는 하였지만, "사마리아 고을로 들어가지 말라"는 예수님의 선교 명령 가운데 부정적인 표현으로 사용되었을 뿐입니다. 이러한 상황에서 누가는 오히려 사마리아에 관한 부정적인 편견을 불식시킬 필요가 있다고 생각한 것 같습니다. 사마리아에 관하여서는 예수님께서 그 말씀만 하신 것이 아니기 때문입니다. 더구나 이방 선교와 세계 선교에 관심을 가지고 있는 누가로서는, 이방 선교의 문을 열기 위해서라도 사마리아인들에 관한 선교에 열린 태도를 가질 수밖에 없었을 것입니다. 그러나 이 비유를 듣고 있는 유대인들에게는 놀라운, 아니 충격적인 일이었을 것입니다. 멸시와 천대의 대상이었던 사마리아 사람을 선하게 표현하시며 본받으라는 예수님의 말씀을 어떻게 이해할 수 있을까요? 과연 율법 교사는, 예수님께서 선한 사마리아인의 비유를 통해 본래 말씀하시고자 하는 의도를 깨닫고 실천할 수 있었을까요? 2,000년이 지난 오늘날 이 이야기를 듣고 있는 그리스도인들은 예수님의 의도를 올바로 파악하고 있을까요?

선한 사마리아인은 누구인가?

선한 사마리아인의 비유에 나오는 강도를 만나 죽어가던 사람은 아마도 유대인이었을 것입니다. 예루살렘으로부터 여리고로 내려가는 길을 쉽게 다닐 수 있는 사람은 남부 유대인들이었기 때문이다. 그런데 이 비유에 따르면, 그 죽어가던 유대인을 구해준 사람은 그토록 미움과 멸시를 당해오던 사마리아인이었습니다. 그렇다면 선한 사마리아인은 누구일까요? 선한 사마리아인의 비유는 대표적으로 두 가지로 해석됩니다. 첫 번째는 기독론적인 해석으로, 강도 만난 자를 돕고 살리는 사마리아인은 예수님이시고 강도를 만난 자는 우리들이라는 것입니다. 선한 사마리아인의 비유는 강도 만난 우리가 선한 사마리아인인 예수님을 만나야 살 수 있다는 메시지를 담고 있다는 해석이지요. 그런데 선한 사마리아인을 예수님으로 해석하면, 나머지 부분들은 다음과 같이 해석할 수 있을 것입니다. 예루살렘은 하늘을, 여리고는 세상을 상징하며, 그리고 강도를 만난 사람은 이 땅에 살아가는 모든 사람들이라고 할 수 있습니다. 강도는 사단을 나타내고, 제사장과 레위인은 율법과 예언자를 의미하게 될 것입니다. 그리고 선한 사마리아인이 강도 만난 사람을 데리고 간 여관은 교회를 의미하고, 선한 사마리아인이 치료를 위해 여관 주인에게 맡긴 두 데나리온은 구약과 신약으로, 사마리아인이 다시 와서 부족하면 더

주겠다는 것은 예수님의 재림으로 해석할 수 있을 것입니다.

　물론 이러한 기독론적 해석도 매우 의미가 있지만, 예수님께서 본래 말씀하시고자 했던 의미라고 말하기에는 무리가 있어 보입니다. 왜냐하면 복음서를 보면 예수님이 공생애를 시작하시면서 많은 메시지와 많은 이적들을 베푸셨지만, 자신이 메시아이신 것을 직접 말씀하신 적은 거의 없습니다. 이것을 신학적인 용어로 'Mesia's secert', '메시아의 비밀'이라고 합니다. 만약 예수님이 자신이 메시아이신 것을 공개적으로 말씀하시고 싶으셨다면, 사단이 성전 꼭대기에서 뛰어내리라고 했을 때 뛰어내리셨을 것입니다. 사단의 유혹대로 예수님께서 성전 꼭대기에서 뛰어내릴 때 하나님의 사자들이 예수님을 손으로 받들어 다치지 않도록 한다면 예수님을 메시아로 드러낼 수 있는 가장 좋은 방법이 되었을 것이기 때문입니다. 그러나 예수님은 단번에 거절하셨습니다. 예수님은 공생애 기간 동안 초월적인 능력으로 이 세상 사람들이 보지도 못한 놀라운 일들을 행하면서도 자신이 하나님의 아들이고 메시아라고 직접적으로 말씀하신 적이 한 번도 없으십니다. 그렇기 때문에 선한 사마리아 비유도 예수님께서 자신이 메시아라는 것을 드러내기 위한 의도로 말씀하셨다고 해석하는 것은 무리가 있다는 것입니다.

　또 다른 해석은 윤리적인 해석입니다. 이 비유는 율법 교사가 자신의 이웃이 누구인지 묻는 질문에 대한 대답으로 주어졌고, "너도 가서 이와 같이 행하라!"는 말씀으로 끝나고 있기 때문입니다. 윤리적인 해석에 의하면 강도를 만난 사람을 사마리아인이 돕고 살렸듯이 이 시대 모든 그리스도인들은 선한 사마리아인이 되어 주변의 어려운 사람을 돕고 살려야 한다는 것입니다. 이러한 윤리적인 해석도 매우 유익한 해석이 될 수 있고, 꼭 필요한 메시지이기도 합니다. 그러나 이러한 윤리적인 해석도 예수님께서 본래 전달하려고 했던 메시지라고 보기에는 무리가 있습니다. 왜냐하면, 만약 모든 그리스도인들이 선한 사마리아인처럼 주변의 힘들고 어려운 이웃을 돕고, 사랑으로 섬겨야 한다면 등장인물의 배역이 달라지는 것이 더욱 효과적일 것이기 때문입니다.

강도를 만나 죽어가는 사람을 사마리아인으로 설정하고, 그 사람이 유대 땅을 여행하다가 강도를 만나고 죽어갈 때 그를 도와주는 사람은 평신도 유대인으로 설정한다면, 윤리적인 의미를 더 잘 드러내는 비유가 될 것입니다. 유대 땅에서 불쌍한 사람이 죽어가는데 종교 지도자들인 제사장이나 레위인은 보고도 도와주지 않았지만, 오히려 유대인 평신도가 그를 도와주고 살려준다는 이야기가 윤리적 교훈의 의미는 더욱 분명하게 드러낼 수 있기 때문입니다. 그런데 예수님은 이 비유를 말씀하시면서 평신도 유대인이 불쌍한 사마리아인을 도와주는 것으로 이야기를 구성하지 않으시고, 반대로 유대인들로부터 멸시와 천대를 받아오던 사마리아인이 미움과 증오의 대상일 수 있는 유대인을 도와주는 이야기로 구성하신 것입니다. 그렇다면 예수님께서 이렇게 이야기를 구성하신 이유는 무엇일까요?

남유다와 사마리아의 갈등의 역사

예수님께서 선한 사마리아인의 비유를 통해 드러내시고자 하는 본래의 의미가 무엇인지 파악하기 위해서 먼저 알아야 할 내용이 있습니다. 그것은 바로 사마리아인과 유대인과의 갈등의 역사입니다. 남 유다 사람들과 북이스라엘의 갈등은 기원전 752년에 시작되었습니다. 그해 북이스라엘은 아시리아(앗수르)에 의해 정복당합니다. 그런데 아시리아 사람들은 북이스라엘 사람들이 쉽게 자신들의 정책에 굴복하지 않을 것을 알고 있었습니다. 왜냐하면 북이스라엘은 하나님 중심의 유일신 신앙을 가지고 살아가는 사람들이기 때문에 다른 문화를 받아들이지도 않을뿐더러 자신들의 신앙과 맞지 않는다면 격렬하게 저항할 사람들이기 때문입니다. 그래서 아시리아는 북이스라엘의 신앙을 흐트러뜨리고 아시리아에 융화될 수 있도록 연혼 정책을 펼쳤습니다. 아시리아 사람들을 북이스라엘의 수도인 사마리아로 이주시키고 북이스라엘 사람들과 결혼하도록 정책을 펼쳤던 것입니다. 북이스라엘 사람들이 이방인인 아시리아 사람들과 결혼하여 혈통이 섞여지는 모습을 보면서, 남 유다는 북이스라엘을 경멸하기 시작했습니다. 정통 이스라엘 사람으로서 순수한 혈통을 지키지 못하고 더러운 이방인과 피를 섞은 사마리아 사람들을 비난하고 멀리한 것입니다.

그러다가 갈등이 더 깊어지게 되는 사건이 기원전 450년경에 일어났습니다. 남 유다 땅 예루살렘에 성전이 재건된 것입니다. 신앙의 중심지였던 예루살렘 성전을 재건하는 것은 오랜 소원이었습니다. 그렇기에 북이스라엘의 사마리아 사람들도 그 소식을 듣게 되었을 때, 예루살렘 성전에서 예배드리기를 소원하였습니다. 그래서 사마리아 사람들이 예루살렘으로 내려오기 시작합니다. 사마리아 사람들은, 비록 남 유다 사람들과 사이가 좋지 않았지만, 같은 민족으로서 하나님을 섬기는 신앙을 지키려는 자신들을 당연히 받아 주리라 생각한 것입니다. 그러나 남 유다 사람들은 사마리아 사람들을 받아 주지 않았습니다. 이방인들과 피를 섞은 더러운 사마리아 사람들은 거룩한 성전에서 예배드릴 수 없다는 것입니다. 사마리아 사람들이 성전에 들어오지 못하도록 쫓아 내버렸습니다.

그렇게 갈등의 골이 깊어져 가면서, 사마리아 사람들은 기원전 129년경에 그리심산에 자신들만의 성전을 건축합니다. 성전이 꼭 예루살렘에만 있어야 하는 것도 아니고, 꼭 예루살렘 성전에서만 예배드리려야 하는 것도 아니라고 생각한 것입니다. 그래서 북쪽의 그리심산에 성전을 세우고 예배를 드리게 된 것입니다. 그런데 남 유다 사람들이 그 소식을 들었을 때, 군대를 모으고 북쪽으로 쳐들어갔습니다. 하나님께 예배하는 곳은 반드시 예루살렘 성전이어야만 했기 때문입니다. 또 다른 성전을 절대로 용납할 수 없었던 남 유다 사람들은 사마리아 사람들이 그리심산에 세워놓은 성전을 부수어버렸습니다. 이런 기나긴 갈등의 역사 속에서 남 유다 사람들과 사마리아 사람들은 절대 돌이킬 수 없는 갈등의 장벽이 세워지게 되었습니다.

사마리아인도 선할 수 있다!

세상을 살아가다 보면 미워하는 사람이 생길 수 있습니다. 싫어하는 사람이 생길 수도 있습니다. 얼마나 미운지 "저 사람만큼은 구원받지 않았으면 좋겠다."고 생각할 정도로 싫어하는 사람이 생길 수 있습니다. 그런데 하나님의 생각은 다릅니다. 나에게는 이 세상을 살아가다 연약함으로 인해 누군가를 미워하고, 정죄하고, 그리고 너무 싫어서 상대하기조차 싫은 사람이 있을 수 있지만, 하나님께는 포기할 수 있는 사람이 없습니다. 하나님은 어느 누구도 포기해 본 사람이 없는 것입니다. 모든 사람이 하나님의 형상과 모습대로 지음을 받은 하나님의 자녀이기 때문입니다. 아마도 예수님이 선한 사마리아인의 비유를 통해 가르쳐주시고 싶은 것이 이러한 하나님 아버지의 마음이었을 것입니다. "정말로 너희들이 하나님이 택하신 선민이라고 한다면, 너희들이 정말로 하나님을 사랑하는 유대인이라고 한다면, 너희들을 통해 이 땅을 회복하기 위해서는 반드시 극복해야 할 것이 있다! 그것은 바로 너희들이 이 세상의 누구보다 미워하고 싫어하며 상종조차 하지 않는 사마리아인을 품어야 한다"는 것입니다. 만약 그들을 품지 못한다면, 그들을 사랑할 수 없다면, 어떻게 그들을 회복시킬 수 있겠습니까? 하나님은 이스라엘을 택하셔서 이 땅을 회복하기 원하시는데, 이스라엘 사람들이 같은 민족인 사마리아인도 품어내지 못한다면, 선민이라고 하는 것이 무슨 의미가 있겠습니까? 그들이 하나님의 사람이라고 자부하는 것이 무슨 의미가 있겠습니까? 예수님은 이 비유를 통해서 극에 달한 유대인과 사마리아인 사이의 높은 장벽을 허물기 원하셨습니다. 그래서 예수님은 강도 만난 유대인을 도운 사람을 유대인들이 증오하고 멸시하는 사마리아인으로 설정하셨던 것 같습니다.

 신앙생활을 하면서 한 번쯤은 교회 안에 자신의 마음에 들지 않았던 사람들이 있을 것입니다. 또한 교회가 운영되는 방식에 대해 비판적인 시각으로 바라보았던 시간들도 있을 것입니다. 그리고 이러한 이유로 교회를 떠나본 분들도 있을 것입니다. 그러나 하나님의 입장에서 교회를 보고, 세상을 보고, 영혼을 본다면 하나님은 어느 한순간도 누구 한 사람 포기하신 적이 없다는 사실을 알게 될 것입니다. 하나님은 아무리 반항하는 사람이라도, 하나님 앞에서 아무리 극악무도한 사람이라도, 그를 포기한 적이 없습니다. 어느 누구라도 사랑하지 않겠다고 선언한 적이 없으십니다. 우리 역시 그러한 은혜로 하나님의 자녀가 되었고, 하나님 앞에서 살아가고 있습니다. 우리가 아무리 하나님을 섬긴다고 해도 얼마나 잘 섬길 수 있습니까? 우리가 아무리 하나님을 사랑한다고 해도 얼마나 사랑할 수 있겠습니까? 우리 역시 하나님께 반항했던 사람들이고, 하나님 앞에는 죄인이었습니다. 하나님의 시각에서 본다면, 사마리아인이나 유대인이나 고만고만합니다. 그런데 하나님이 택하신 한 민족 간에 깊은 갈등의 골이 생겨난 것입니다. 하나가 되어야 하는데, 서로 품어야 하는데, 서로 사랑해야 하는데, 그렇게 하지 못하고 미워하고 멸시하고 있는 것입니다.

서로의 한계를 품지 못하는 것, 서로의 편견을 받아들이지 못하는 것에 대해 예수님은 너무 마음 아프셨을 것입니다. 혈통의 순수성을 힘들게 지켜 온 유대인의 입장에서는, 다른 민족과 피를 섞은 사마리아인들은 상종하지 못할 만큼 극악무도한 자일 수 있지만, 사마리아인들도 하나님을 예배하고 하나님을 섬기고자 하는 마음이 있었습니다. 그런 사마리아인의 마음을 너무도 잘 알고 계시는 예수님께서는 서로를 품고 사랑하기를 바라셨던 것입니다. 사마리아인과 유대인들을 바라보시는 하나님, 그리고 그 안에서 회복되어지기 원하시는 예수님의 마음, 그 마음이 선한 사마리아인의 비유를 만들어낸 것입니다. 그렇게 싫어하는 사마리아인이지만, 그렇게 무시하는 사마리아인이지만, 정작 유대인이 죽어갈 때 그를 살릴 수 있는 사람이 사마리아인이 될 수 있다는 것입니다. 전혀 기대하지도 않고 예측하지도 못할 일이지만, 예수님을 그 사실을 가르쳐 주고 계신 것입니다.

장벽을 무너뜨리고 임하는 하나님 나라

선한 사마리아인의 비유에서 중요한 강조점은, 죽어가는 사람을 돕는 사랑의 행위에 있는 것이 아니라, 오히려 그런 사랑의 행위를 한 사람에게 있다는 점을 주목해야 합니다. 이 비유는 강도를 만나 죽어가는 사람, 곧 자비와 사랑의 행동이 필요한 사람을 이웃으로 강조하고 있는 것이 아니라, 도리어 그에게 사랑을 베푼 사마리아인을 진정한 이웃으로 강조하고 있다는 것입니다. 오늘날 많은 성경의 비유 연구가들은 이 비유가 단순히 불쌍한 사람을 만났을 때 그에게 사랑을 베풀라고 가르치는 사랑의 비유가 아니라, 오히려 인종주의와

지역주의와의 장벽을 허무는 특별한 교훈에 관한 이야기라고 말합니다. 예수님은 자기 시대에 와서 거의 극에 달한 유대인과 사마리아인의 인종적인 높은 장벽을 허무는 일 없이는 참다운 소통의 삶과 참다운 구원의 삶이 불가능하다고 생각하셨던 것 같습니다. 그래서 예수님은 이 비유를 통하여 유대인 때문에 고통을 당해왔고 아픔을 가지고 있던 사마리아인이, 자기들의 원수와도 같은 유대인을, 그것도 유대인의 종교 지도자들마저도 도와주지 않았던 강도 만난 유대인을, 모든 미움과 증오를 넘어 자비를 베풀어 살려주었다는 점을 강조하려고 했던 것 같습니다. 유대인들이 사마리아인들에 대해 가지고 있는 오래된 편견으로부터 벗어나도록 도와주고 싶으셨던 것이지요.

사도행전 10장을 보면, 베드로가 고넬료의 집에 방문하는 모습이 나옵니다. 베드로는 예수님의 수제자였지만, 이방인 고넬료의 집을 방문하는 것이 쉽지만은 않았습니다. 이방인과 교류하는 것은 율법에서 금지하는 부분이 있었기 때문입니다. 그리고 베드로의 내면에서도 이방인과의 장벽이 아직은 무너지지 않았던 때였습니다. 편견이 깨어지지 못했던 것입니다. 하나님께서 이방인을 구원하기 원하신다는 것은 깊게 생각하지 못한 일이었기 때문입니다. 그래서 몇 번을 거절했습니다. 그러나 하나님께서는 반복해서 베드로에게 환상을 보여주시면서 율법에서 속되다고 규정한 동물들을 잡아먹으라고 하셨습니다. 하나님께서 깨끗하게 하셨으니 속되다고 하지 말라는 것이었습니다. 반복된 환상을 통해서 베드로는 하나님께 순종하는 마음으로 고넬료의 집으로 가게 됩니다. 베드로는 고넬료의 집에 도착할 때까지도 하나님께서 왜 그곳에 보내셨는지 잘 알지 못했을 것입니다. 그런데 베드로가 늘 그랬듯이 고넬료와 그의 가족들에게 복음을 선포하자, 사도행전 2장에서 자신들에게 임하셨던 성령께서 그곳에 모인 사람들에게 동일하게 임하는 것을 보았습니다. 이방인들에게도 성령이 임하셨던 것입니다. 그제야 베드로는 하나님의 뜻을 깨닫고 하나님 아버지의 마음을 알게 되었습니다. 이 사건을 계기로 예수님의 제자들은 이방인들에게도 적극적으로 복음을 전하게 됩니다. 놀라운 반전의 계기가 된 것이지요.

11. 그러므로 생각하라 너희는 그 때에 육체로는 이방인이요 손으로 육체에 행한 할례를 받은 무리라 칭하는 자들로부터 할례를 받지 않은 무리라 칭함을 받는 자들이라 12. 그 때에 너희는 그리스도 밖에 있었고 이스라엘 나라 밖의 사람이라 약속의 언약들에 대하여는 외인이요 세상에서 소망이 없고 하나님도 없는 자이더니 13. 이제는 전에 멀리 있던 너희가 그리스도 예수 안에서 그리스도의 피로 가까워졌느니라 14. 그는 우리의 화평이신지라 둘로

하나를 만드사 원수 된 것 곧 중간에 막힌 담을 자기 육체로 허시고 15. 법조문으로 된 계명의 율법을 폐하셨으니 이는 이 둘로 자기 안에서 한 새 사람을 지어 화평하게 하시고 16. 또 십자가로 이 둘을 한 몸으로 하나님과 화목하게 하려 하심이라 원수 된 것을 십자가로 소멸하시고 17. 또 오셔서 먼 데 있는 너희에게 평안을 전하시고 가까운 데 있는 자들에게 평안을 전하셨으니 18. 이는 그로 말미암아 우리 둘이 한 성령 안에서 아버지께 나아감을 얻게 하려 하심이라 19. 그러므로 이제부터 너희는 외인도 아니요 나그네도 아니요 오직 성도들과 동일한 시민이요 하나님의 권속이라 20. 너희는 사도들과 선지자들의 터 위에 세우심을 입은 자라 그리스도 예수께서 친히 모퉁잇돌이 되셨느니라

바울은 에베소서 2장 11-20절에서, 예수님의 십자가 사건은 멀리 떨어져 있는 유대인과 이방인을 하나로 만드신 사건이라고 선언합니다. 십자가는 원수 된 담을 허물며, 성령 안에서 하나로 만드는 놀라운 사건입니다. 그런데 예수님을 사랑한다고 하면서, 십자가를 믿는다고 하면서, 신앙의 편견을 무너뜨리지 못하고 있다면 우리의 신앙은 반쪽짜리일 수밖에 없습니다. 이 순간, 혹시 '나 때문에 상처 입은 사람은 없을까? 나 때문에 낙담하고 있는 사람은 없는가? 아직도

내 마음을 열어 놓지 못하고 있는 사람들은 없는가? 내가 아직도 화해하지 못하고 있는 공동체 지체들은 없는가?' 생각해 봅시다. 복음은 그 장벽을 넘어가게 만드는 힘입니다! 어떠한 장벽도 허무는 것이 복음입니다. 장벽이 허물어지지 않는 한, 그 편견을 넘어서지 않는 한, 복음은 균형을 잃어버리고 이상하게 기형적으로 흘러갈 수밖에 없을 것입니다. 예수님 시대의 유대인 제자들처럼, 주님을 사랑하지만, 주님 때문에 목숨까지 내놓을 수 있지만, 내가 용납할 수 없는 사람, 내가 사랑하기 싫은 사람은 끝까지 사랑하지 않겠다고 버티고 있지는 않습니까? 나 자신부터 점검합시다. 순간순간 점검하면서, 그 장벽을 무너뜨리는 사람이 됩시다. 그 편견이 허물어질 때, 그 장벽이 허물어질 때, 성령께서 임재하셨던 것처럼 하나님의 나라가 깊이 있게 임할 수 있을 것입니다.

4장
낯선 곳에서 삶의 터전을 일궈야 하는 자들에게

사람들은 누구나 낯선 장소, 새로운 장소에서 삶을 일구어야 할 때 막연한 두려움을 갖게 되었습니다. '내가 과연 이곳에서 잘 정착할 수 있을까? 이곳은 과연 어떠한 곳일까? 나를 환대해 줄까? 예기치 못한 어려움이나 힘든 상황이 발생되지는 않을까?' 등을 생각하게 되는 것이지요. 통계적으로도 보면, 새롭게 이사를 한 사람들이 복음을 받아들일 수 있는 확률이 높다고 나와 있습니다. 복음에 수용적이라는 것입니다. 왜냐하면 사람들이 낯선 장소에서 삶을 새롭게 시작하게 될 때, 자신에게 있는 막연한 두려움을 해소하고자 절대적으로 의지하고 신뢰할 대상을 쉽게 받아들이기 때문입니다. 그것은 돈이 많은 사람과 적은 사람 차별이 없습니다. 좋은 집에 이사를 가든지, 열악한 환경의 집으로 이사를 가든지 똑같습니다. '낯섦'에 관한 두려움은 모두가 가지는 감정이기 때문입니다. 산악인들이 산을 등산할 때, 바다 사람들이 긴 항해를 놓고 막연한 긴장과 두려움을 해소하고 안전을 위하여 어떠한 형식을 갖추는 것도 이러한 한 예가 될 수 있습니다. 그렇다면 신앙인들은 이러한 낯선 상황을 맞이할 때, 어떠한 자세로, 또는 어떻게 삶을 일구어가야 할까요?

예수님 공생애의 시작을 보면, 고향이었던 나사렛을 떠나 낯선 가버나움으로 옮기시는 모습을 볼 수 있습니다. 모든 일의 시작은 매우 중요합니다. 왜냐하면 시작은 그 사람이 하려고 하는 일의 방향성을 나타내 주기 때문입니다. 이렇게 본다면, 예수님 공생애의 시작을 살펴보는 일은 매우 중요한 일이 될 수 있습니다. 예수님은 어떤 방향성을 가지고 공생애를 이끌어 가려고 하셨을까 짐작할 수 있기 때문입니다. 왜 예수님은 공생애를 시작하시면서 낯선 땅으로 거처를 옮기셨을까요? 마태복음 4장 12-17절을 보면, 비록 짧은 구절이지만 예수님께서 공생애를 어떻게 시작하셨는지 전해주고 있습니다. 인간적으로 생각해보면, 하나님의 아들이신 예수님께서 이 땅에 오실 때는 비천한 신분인 목수의 아들로 오셨지만, 메시아로서 공생애를 시작하셨을 때 권위 있는 모습으로 시작하지 않을까 기대할 수 있을 것입니다. '왕의 취임식처럼 화려하게 시작하지는 않더라도, 메시아적인 권위를 나타낼 수 있는 그런 취임식 정도는 있어야 되지 않을까?

생각해 볼 수 있을 것입니다. 그런데 성경을 보니, 예수님은 이 땅에 내려오실 때처럼, 어떤 행사도 없이 조용하게 시작하셨습니다. 조용하게 시작하셨을 뿐만 아니라, 낯설고 힘든 곳에서 눈물로 시작하셨습니다.

눈물과 아픔으로 시작되는 예수님의 공생애

마태복음 4장 12절을, 보면 예수님께서는 "세례 요한이 잡히셨음을 들으시고 갈릴리로 물러가셨다"고 기록하고 있습니다. 세례 요한은 예수님보다 6개월 먼저 이 땅에 와서 예수님이 가실 길을 미리 준비했던 사람입니다. 그렇기에 예수님은 공생애를 시작하시기 전, 세례 요한에게 세례를 받으셨습니다. 그런데 어느 날 예수님께 들려온 소식은 세례 요한이 잡혔다는 것이었습니다. 마태복음 4장에서는 '잡혔다'라고만 표현했지만, 현실적으로 표현하자면 억울하게 옥에 갇혀 고문을 당하다가 죽을 날만 기다리는 신세가 된 것입니다. 구약의 시대를 마무리하고 신약의 시대를 열어가는 중간 다리 역할을 한 세례 요한의 마지막이 '잡혔다'로 표현된 것입니다.

비록 친밀한 교제를 나눌 시간은 없었겠지만, 400여 년 동안 하나님의 계시가 없었던 암울하고 혼란했던 시대에 "회개하라, 천국이 가까이 왔느니라!"고 외치며 메시아 예수님의 길을 준비해준 하나님 나라의 일꾼이었습니다. 그런데 그 세례 요한이 감옥에 갇혔습니다. 그리고 죽을 날만 기다리고 있다고 하니, 그 소식을 들은 예수님의 마음이 얼마나 아프셨을까요? 세례 요한으로부터 공생애를 시작하는 축하와 응원의 메시지도 듣지 못하고, 오히려 청천벽력과 같은 소식을 듣고 마음 아프게 공생애를 시작하셔야만 하신 것입니다. 물론 세례 요한의 소식을 듣고 마음껏 슬퍼할 시간도 없었습니다. 예수님은 그 소식이 공생애의 시작을 알리는 '사인(sign)'이라는 사실을 알았기 때문입니다. 이사야 선지자는 "외치는 자의 소리여 이르되 너희는 광야에서 여호와의 길을 예비하라 사막에서 우리 하나님의 대로를 평탄하게 하라(사 40:3)"고 예언하였습니다. 예수님이 공생애를 시작하시기 전, 외치는 자의 소리가 그 길을 준비하리라는 예언이었습니다. 그렇기에 외치는 자의 소리였던 세례 요한이 잡히고 사역이 마무리되었기에, 이제는 예수님께서 본격적으로 공생애를 시작하셔야만 하는 것입니다. 그렇기에 눈물 나고 아픈 마음을 품고, 세례 요한을 이어 본격적으로 공생애를 시작하신 것입니다. 이렇게 예수님의 공생애는 아픔과 눈물로 시작되었습니다.

낯설고 외로운 곳에서 시작되는 예수님의 공생애

두 번째, 예수님 공생애의 시작에 관하여 주목할 내용이 마태복음

4장 13절에 기록되어 있습니다. 마태복음 4장 13절에는, "나사렛을 떠나 스불론과 납달리 지경 해변에 있는 가버나움에 가서 사셨다"고 이야기하고 있습니다. 아마 많은 분들이 예수님의 공생애 사역의 중심이 갈릴리라는 사실을 알고 계실 것입니다. 그런데 예수님은 왜 공생애를 시작하실 때 지금까지 살아오셨던 나사렛을 떠나셨을까요? 예수님이 평생을 살아오셨던 나사렛을 떠나 굳이 가버나움으로 옮기실 이유가 있었을까요? 예수께서 나사렛을 떠나 가버나움을 공생애의 센터로 삼으셨다는 사실은 매우 중요합니다. 중요한 영적인 원리를 담고 있기 때문입니다. 예수님께서 공생애를 시작하기 전까지 살아오셨던 나사렛은 갈릴리 남쪽에 위치하고 있습니다. 그런데 공생애의 센터로 삼으신 가버나움은 갈릴리의 북쪽에 위치한 이스라엘의 북쪽 국경 지대였습니다. 이사야 선지자가 '이방의 갈릴리'라고 표현할 정도로 변방이었습니다. 그런데 예수님은 그러한 가버나움을 공생애 사역의 중심지로 삼으신 것입니다.

예수님은 하나님의 아들이시지만 인간의 몸을 입고 이 땅에 오셨습니다. 그리고 목수의 아들로 30세까지 자라셨습니다. 평생을 살아오신 나사렛에는 가족도 있고, 친구도 있고, 삶의 모든 기반이 있었습니다. 하지만 하나님의 아들로 이 땅의 모든 사람들을 구원하실 메시아로서의 삶은 철저하게 하나님의 원하시는 대로 살아야 하는 삶이었습니다. 철저하게 하나님의 방식대로 살아가셔야만 했습니다. 철저하게 하나님만 의지하는 삶을 사셔야 했던 것입니다. 그래서 예수님은 의지할 수 있는 가족과 친구들이 있는 곳, 삶의 모든 기반이 있는 나사렛을 떠나, 모든 것이 낯선 가버나움으로 가셨습니다. 모든 것을 단절하고 오직 하나님만 바라볼 수 있는 낯선 땅, 가버나움을 선택하신 것입니다. 나사렛에서도 얼마든지 공생애의 사역을 이뤄갈 수 있으셨겠지만, 도움을 받을 수 있고 의지할 수 있는 모든 기반을 단절하고 오직 하나님만 의지할 수밖에 없는 낯선 땅에서 공생애를 시작하신 것입니다. 그런데 굳이 북쪽의 갈릴리 가버나움을 택하신 이유를 말하라면, 이사야의 예언을 성취하기 위해서라고 할 수 있습니다.

  비록 성인이라고 할지라도, 모든 인적 기반을 끊고 낯선 땅에서 살아야 한다면 누구나 두렵고 외로울 것입니다. 그런데 신앙인들은 그런 낯선 환경 속에서 아무도 의지할 수 없을 때, 오직 하나님만 의지하게 됩니다. 낯선 땅에서의 외로움과 두려움은 하나님만을 신뢰하는 조건이 되기 때문입니다. 그래서 예수님은 낯설고 의지할 것 없는 가버나움에서 공생애를 시작하신 것 같습니다. 그리고 이러한 모습은 예수님을 따르는 모든 그리스도인들에게 모범이 될 수 있습니다. 때로 하나님은 우리를 외롭게 내버려 두시기도 합니다. 때로 우리를 홀로 남겨 놓으시기도 합니다. 아무도 내 마음을 알아주는 사람이 없고, 그 무엇도 삶의 문제를 해결해 줄 수 없다고 생각하는 그 순간에도 우리를 내버려 두실 때가 있습니다. 그 이유 중의 하나는 바로 그때, 아무도 나를 도울 수 없다고 생각하는 그때가 바로 하나님을 간절히 부를 수 있는 시간이기 때문입니다. 더 이상 기댈 곳이 없고, 도움을 요청할 사람이 없기에, 하나님께로 눈을 돌려 하나님의 이름을 부르고 하나님께로 돌아오는 시간이 되기 때문입니다. 그래야 살 수 있습니다. 하나님만 붙잡아야 살 수 있기 때문입니다. 그렇기에 예수님은 그 길을 스스로 선택해서 가셨습니다. 그 길이 하나님만을 의지할 수 있는 길이었기에, 그 길이 하나님만을 신뢰할 수 있는 길이었기에, 그 길이 하나님만 붙잡고 사명을 완수할 수 있는 길이었기에 나사렛을 떠나 가버나움으로 가셨던 것입니다. 세례 요한도 사역을 준비하기 위하여 광야로 들어가 살았습니다. 광야는 사람이 살기에 적합하지 않습니다. 세상과 단절된 곳입니다. 그렇기에 세례 요한은 더욱 하나님만 바라보고 의지했을 것입니다. 그 영성으로 400년간 하나님의 계시가 없었던 영적인 암흑기를 뚫고 능력 있는 외침, "회개하라! 천국이 가까이 왔느니라!"고 외칠 수 있었던 것이지요.

멸시와 흑암의 땅에서 시작되는 예수님의 공생애

세 번째, 예수님의 공생애는 흑암과 사망의 땅이라고 불리던 스불론 땅과 납달리 땅에서 시작되었습니다. 마태복음 4장 14~16절에는 "이는 선지자 이사야를 통하여 하신 말씀을 이루려 하심이라 일렀으되 스불론 땅과 납달리 땅과 요단 강 저편 해변 길과 이방의 갈릴리여 흑암에 앉은 백성이 큰 빛을 보았고 사망의 땅과 그늘에 앉은 자들에게 빛이 비치었도다 하였느니라"라고 기록하고 있습니다. 이 말씀은 이사야 9장 1절, "전에 고통받던 자들에게는 흑암이 없으리로다 옛적에는 여호와께서 스불론 땅과 납달리 땅이 멸시를 당하게 하셨더니 후에는 해변 길과 요단 저쪽 이방의 갈릴리를 영화롭게 하셨느니라 흑암에 행하던 백성이 큰 빛을 보고 사망의 그늘진 땅에 거주하던 자에게 빛이 비치도다"라고 말씀을 인용한 것입니다. 갈릴리 지역은 매우 넓은데, 특별히 갈릴리 지역 가운데 스불론 땅과 납달리 땅이 예수님의 공생애 사역으로 말미암아 빛이 비쳐지고 흑암과 사망과 그늘의 땅에서 해방되었다는 것입니다. 예수님께서 세례 요한의 잡히셨음을 듣고, 공생애를 시작하기 위해 하나님만 의지하며 하나님이 원하시는 대로 사역하기 위해 낯선 가버나움으로 가셨다는 것은 이해할 수 있습니다. 그런데 유독 성경이 납달리 땅과 스불론 땅에 주목하는 이유는 무엇일까요?

스불론 땅과 납달리 땅이라는 지명은 원래 땅의 이름이 아닙니다. 지역의 이름이 아닙니다. 이스라엘 열두 조상의 이름입니다. 야곱의 열두 아들 가운데 라헬의 시종 빌하의 아들 이름이 스불론과 납달리였습니다. 그런데 가나안에 들어가서 그 땅을 배분할 때 스불론과 납달리가 배분받은 땅은 갈릴리 서쪽과 북쪽에 있는 땅이었습니다. 스불론과 납달리가 분배받은 땅은 이스라엘의 북쪽 경계선에 있는 변방 지역이었던 것입니다. 그렇기에 북이스라엘의 영향력이 쇠퇴하고 이방 사람들의 공격을 받게 되었을 때 스불론과 납달리 땅이 제일 먼저 고통을 당하게 되었습니다. 아시리아(앗수르) 사람들이 침략해 왔을 때, 가장 먼저 전쟁을 겪는 땅이었고, 가장 먼저 무너지는 땅이었고, 가장 먼저 노예로 끌려가는 땅이었습니다. 스불론과 납달리 사람들은 그 땅을 지키려고 애를 썼지만, 힘이 없어 무너지고, 결국은 아시리아에게 정복당하고 그들의 정책에 의해 이방인들과 피를 섞게 되었습니다. 그런데 그러한 속사정은 알아주지 못하고 남쪽의 혈통의 정통성을 가지고 있던 사람들은 스불론 사람과 납달리 사람들을 행해 "너희는 앞으로 이스라엘이라고 부르지 마라! 너희는 이방의 땅이다!" 이렇게 비난했던 것이지요. 그래서 이사야는 스불론 땅과 납달리 땅을 이방의 갈릴리라고 부르고 있는 것입니다. 이방 민족들과 피를 섞고 하나가 되어가는 그들의 모습을 보고 비난하면서 '이방의 갈릴리'라고 부른 것이었습니다.

야곱의 열두 아들로서 이스라엘의 열두 지파를 당당히 이룬 지파였고, 약속의 땅 가나안에서 배분받은 땅이었습니다. 그러나 세월이 흘러가면서 그들의 연약함과 지리적인 문제로 그들의 신앙을 지키지 못하고 쓰러지고 짓밟혔습니다. 얼마나 힘들었을까요? 얼마나 억울했겠습니까? 자신들의 어려운 처지를 이해해 주지 못할지언정, 돌아오는 것은 같은 민족의 손가락질이었습니다. 어쩌면 이방인들에게 짓밟힌 것보다 더 아픈 것은, 같은 동족들의 손가락질이었을 것입니다. 그런데 메시아가 오시기 약 600년 전에 살았던 이사야 선지자는 "전에 고통받던 자들에게는 흑암이 없으리로다 옛적에는 여호와께서 스불론 땅과 납달리 땅이 멸시를 당하게 하셨더니 후에는 해변길과 요단 저쪽 이방의 갈릴리를 영화롭게 하셨느니라"고 선포한 것입니다.

흑암과 사망의 땅에 비치는 생명의 빛

이사야 9장은 스불론 땅과 납달리 땅을 흑암과 사망의 그늘진 땅이라고 표현합니다. 버림받은 땅이라는 것입니다. 그런데 빛이 비춰지게 됩니다. 사람들이 전혀 주목하지 않았던 땅에 예수님의 빛이 비치게 되었습니다. 그리고 많은 사람들의 주목을 받게 되었습니다. 그렇다면 도대체 왜 예수님은 공생애를 갈릴리 지역에 가서서 특별히 스불론 땅과 납달리 땅에서 그 일을 시작하게 되셨을까요? 그것은 예수님을 필요로 하는 자들이 그곳에 있었기 때문입니다. 오해하지 마십시오. 예수님은 모든 사람을 사랑하십니다. 부자도 사랑하시고, 가난한 사람도 사랑하시고, 이 땅에 하나님의 형상과 모습대로 지음 받은 모든 사람들을 사랑하십니다. 그런데 '예수님이 당장 살려야 하는 사람들이 어디에 있었는가?' 하는 문제가 중요합니다. 바로 멸시받고 죽어가는 흑암의 땅, 사망의 그늘진 땅에 있는 것입니다. 한시가 급합니다. 그 땅에는 어떤 소망도 없이 늘 울면서 인생을 끝내 버릴 수밖에 없는 사람들이 있었습니다. 눈물과 외로움과 멸시 가운데 살아가는 자들이 있었습니다. 그래서 예수님이 그들을 제일 먼저 찾아가신 것입니다. 예수님은 하나님 아버지의 마음을 가지고 그들을 위로하기 원하셨습니다. "얼마나 힘들었니? 얼마나 아팠니? 동족에게 비아냥거림을 들을 때마다 얼마나 괴로웠니?" 예수님이 나사렛을 떠나 찾아가신 그곳은, 누구에게도 도움을 요청할 수 없고, 미래의 소망이 없는 자들, 죽어가는 자들이 다른 지역에 비하여 월등히 많은 곳이었습니다.

그렇다면 예수님께서 지금 이 땅에 다시 오신다면, 지금 이 땅에 오셔서 빛을 비춰주신다면, 누구에게 먼저 찾아가실까요? 지금 당장 죽어가는 자들일 것입니다. 지금 아파하고 있는 자들일 것입니다. 세상의 연줄도 끊어지고, 도움도 끊어지고, 세상에 어떠한 희망도 미래도 기대할 수 없는 사람들을 가장 먼저 찾아가실 것입니다. 그들은 예수님이 없이는 어떤 소망도, 어떤 기쁨도 누릴 수 없는 자들입니다. 그들은 하나님께서 오랫동안 마음에 품어 온 아픔이었고 눈물이었습니다. 그래서 하나님은, 예수님이 오시기 약 600년 전, 이사야 선지자를 통하여 예언하신 것입니다. "내 아들 메시아가 이 땅에서 활동을 시작할 때, 그때 제일 먼저 그 땅을 찾아가리라. 그 땅에 먼저 생명의 빛을 비추리라!" 어떤 자격이 있어서가 아닙니다. 그저 주님이 필요했기 때문입니다. 주님의 도움이 없으면, 주님이 찾아가서 손을 내밀지 않으면, 죽어갈 수밖에 없던 자들이기 때문에 예수님이 먼저 찾아가신 것입니다. 그들이 은혜를 입게 되었습니다. 하나님의 은혜를 입게 되었습니다. 자신의 삶을 바꿀 수 있는 하나님의 큰 은혜를 경험하게 된 것입니다.

낯섦이 주는 성장에 도전하기

낯선 환경에 처하게 되면 긴장되고 두렵기까지 합니다. 그런데 낯선 환경에서만 가능한 일들이 있습니다. 신앙에 있어서, 낯선 환경이 주는 유익이 있습니다. 그래서 예수님은 스스로 낯선 환경을 찾아가셨고, 하나님은 신앙의 위인들을 낯선 환경으로 이끌어 가시곤 하셨습니다. 문학 이론 중에 '낯설게 하기(defamiliarization)'라는 개념이 있습니다. 20세기 초 러시아 형식주의자들이 '낯설게 하기'는 문학의 본질이라고 지목하며, 일상적 언어를 '낯설게' 함으로서 매력적인 문학을 만들어 낸 것을 의미합니다. 익숙한 것을 떠나 낯설게 함으로써 아름다운 문학을 빚어낸다는 것입니다. 뇌과학에서는 인간의 의식은 반복되는 것을 점차 '없는 것'으로 가정하는 경향이 있다고 합니다. 그런데 반복되던 것들이 갑자기 중지되거나 사라질 때, 그 존재성이 뚜렷해진다고 합니다. 마찬가지로 신앙에 있어서도, 낯선 환경 속에서 신앙의 각성, 종교적 통찰, 영성의 성장을 이룰 수 있습니다. 하나님은 이 사실을 너무나도 잘 아셨기 때문에, 익숙한 것을 떠나게 하심으로써 낯선 환경 가운데 하나님을 새롭게 만나고 깊이 있는 신앙으로 세워질 수 있도록 하신 것입니다.

스불론 땅과 납달리 땅에는 별명이 있었습니다. 그것은 곧, '전쟁의 통로'라는 것입니다. 스불론 땅과 납달리 땅은 항상 전쟁과 분쟁이 있었던 곳입니다. 그래서 늘 폐허가 되는 곳이었습니다. 전쟁이 일어나면 이방이 가장 먼저 쳐들어오는 곳이 이곳이었고, 전쟁에 지면 노예로 가장 먼저 끌려가는 사람들이 이 지역 사람들이었습니다. 그들의 삶 자체가 전쟁에 지쳐있었고, 폐허 속에 가난함에 살고 있었고,

동족의 비난 속에 살아가는 사람들이었습니다. 그런데 메시아이신 예수님은 공생애를 시작하시면서 익숙하셨던 나사렛을 떠나 흑암과 그늘의 사망의 땅에 찾아가셨습니다. 의지할 것 없는 낯설고 척박한 땅에서 오직 하나님만 의지하며 하나님의 방법대로 공생애를 살아가시며 어둠에 빛을 비춰주신 것입니다. 그렇게 사망의 땅을 생명의 땅으로 바꾸어 주신 것입니다.

  예수님 공생애의 시작을 살펴보니, 예수님은 하나님의 아들로 메시아라는 위대한 사명을 위해 이 땅에 오신 분이지만, 자신에서 익숙한 환경에서 안정적인 기반을 구축하지 않으시고 낯설고 모든 것이 황폐한 땅으로 이동하셔서 공생애를 시작하셨습니다. 예수님이 선택하신 장소는 화려하고 사람들의 주목을 받는 곳이 아닌 멸시와 사망의 땅이었습니다. 그 낯설고 황폐한 곳에서 오직 하나님만 의지하며 구원의 사역을 펼쳐 나가신 것입니다. 그때 어둠의 땅은 생명의 땅으로 변화되기 시작하였습니다. 하나님의 영광이 임하기 시작한 것입니다. 예수님께서는 지금도 비난과 멸시의 장소로 먼저 찾아가십니다. 흑암과 사망의 땅에 먼저 찾아가십니다. 그리고 그곳에 생명과 소망의 빛을 비춰주시기 원하십니다. 낯설고 황폐한 환경은, 오히려 주님을 새롭게 만날 수 있는 믿음의 성장이 이루어지는 곳이기 때문입니다. 하나님만 의지하고 하나님의 방법대로 살아가며 모든 죽어가는 것들을 살리는 역사가 일어나는 곳이기 때문입니다. 지금 낯선 곳에서 삶의 터전을 일궈나가시는 분들이 있다면, 그곳은 하나님의 은혜가 임하는 곳임을 명심하십시오. 예수님을 필요로 요청만 한다면 그분의 은혜를 당장 경험할 수 있는 곳이 그곳입니다. 그렇기에, 너무 익숙한 곳에서 반복적으로 신앙생활을 이어가고 있는 분이 있으시다면, 예수님처럼 낯설고 새롭게 하나님을 만날 수 있는 도전을 시작해 보시는 것이 어떠실는지요? 종종 '익숙함'은 신앙의 방해가 되기 때문입니다.

5장

울며 낙담하고 있는 자들에게

　세상에서 가장 애처로운 사람이 있다면, 울며 낙담하고 있는 사람이지 않을까 싶습니다. '얼마나 힘들면 울고 있을까? 얼마나 마음이 무너졌으면 저렇게 울 수 있을까? 얼마나 슬프고 마음이 어려울까?' 실제로 울고 있는 사람들을 볼 때면, 누구나 갖게 되는 생각일 것입니다. 그리고 그렇게 생각하고 있는 우리 역시 그렇게 울어본 경험들이 있기에, 같은 마음으로 그러한 사람의 입장에서 그 마음을 헤아려보기도 합니다. 우리나라는 세계에서 유일하게 분단의 아픔을 겪고 있는 나라입니다. 그러한 이유로, 이산가족을 찾는 대대적인 방송으로 세계적인 공감을 사고 응원을 받은 적이 있었습니다. 화면에서 이산가족이 만나서 울며 한을 풀 때면, 모든 사람들이 함께 울어주곤 하였습니다. 저 역시 그 프로그램을 보면 참 많이 울었습니다. 이

산가족의 눈물이 제 눈물인 양 울었습니다. 감정이입이 된 것이지요. 그렇기에 지금 이 순간에도 어떠한 이유에서든지, 울고 있는 사람들이 있다면 그들과 함께하고 싶고 돕고 싶습니다. 모든 사람들이 그러한 마음일 것입니다. 예수님도 그러하셨습니다.

  어떤 사람이 공직에 취임한 후 최초로 나타나는 모습에는 그가 앞으로 어떤 식으로 일을 해 나아갈지 시사하는 바가 있습니다. 그러한 의미에서 부활하신 예수님의 첫 번째 나타나심 또한 시사하는 바가 클 것입니다. 요한복음 20장을 보면, 예수님께서 부활하신 후 첫 번째 나타나시는 상황을 기록하면서, 부활하신 예수님께서 어떠한 사람들을 먼저 만나주셨는지를 기록하고 있습니다. 예수님의 빈 무덤을 발견한 사람들은 여러 명이었습니다. 베드로와 요한도 여인들의 말을 듣고 달려와 빈 무덤을 확인하였습니다. 그러나 두 제자는 예수님을 찾아볼 생각도 하지 않고 집으로 돌아가 버렸습니다. 그렇지만 막달라 마리아는 돌아가지 않았습니다. 돌아갈 힘도 없었을 것입니다. 예수님의 시신을 잃어버렸다는 생각에 무덤 앞에서 넋 놓고 울고만 있었습니다. 이렇게 울며 낙담하는 마리아를 부활하신 예수님이 첫 번째로 만나주셨습니다.

귀신 들림에서 벗어나 예수님께 사로잡힌 여인

　제자들도 떠나가 버린 예수님의 무덤 앞에서 울고 있던 여인 막달라 마리아, 그녀는 무덤 앞에서 울고 있다가 부활하신 예수님을 처음으로 만나는 축복을 누립니다. 예수님은 어느 누구도 아닌, 무덤 앞에서 울고 있었던 마리아를 제일 먼저 만나 주셨습니다. 막달라 마리아가 어떤 사람이었기에 예수님은 공생애 동안 동고동락했던 제자들도 아니고, 부활을 증명할 수 있는 제사장들이나 바리새인이 아닌 한 여인을 만나 주신 것일까요? 성경에는 '마리아'라는 이름을 가진 사람이 많이 나옵니다. 대표적으로 예수님의 육신적인 어머니가 마리아였고, 베다니에 살고 있었던 나사로의 누이 마리아가 있습니다. 그리고 부활하신 예수님을 제일 먼저 만난 막달라 마리아가 있습니다. 그런데 다른 마리아와는 달리 막달라 마리아는 이름 앞에 '막달라'라는 이스라엘의 지명이 붙어 있습니다. 이렇게 지명을 붙인 이유는 다른 마리아와 구분하기 위해서일 것입니다. 그런데 왜 막달라 마리아만 지명을 붙여 불렀을까요? 나사로의 누이 마리아에게도 '베다니 마리아'라고 하였으면 혼돈하지 않을 수 있을 텐데 말입니다. 아마도 막달라 마리아에게만 '막달라'라는 지역의 이름을 붙인 이유는 막달라 마리아가 다른 마리아에 비해 예수님의 죽음과 부활에 있어서 독보적인 증인의 위치를 차지하고 있었기 때문이 아닐까 생각합니다.

막달라 마리아의 고향인 '막달라'는 갈릴리 호수 서쪽 항구인 디베랴의 북서쪽으로 약 5Km로 정도 위쪽에 위치하고 있습니다. 그리고 갈릴리 호숫가에서 육지 쪽으로 조금 떨어진 작은 마을입니다. 막달라 마리아는 한때 일곱 귀신이 들려 고생하다가 예수님을 만나 치료받고 예수님께 헌신한 여인입니다. 예수님은 약 3년 반 동안의 공생애 사역 가운데, 1년 반 이상의 시간을 갈릴리 호수를 중심으로 일하셨습니다. 막달라 마리아는 이때 예수님께 치유 받은 것으로 보이는데, 특히 그녀가 일곱 귀신에 들렸다는 것은 온갖 잡신에 사로잡혀 정신적으로나 영적으로나 매우 심각한 상태에 처해 있었음을 말해 주는 것입니다. 성경에서 일곱이라고 하는 숫자는 완전수입니다. 그렇기에 일곱 귀신 들렸다는 것은 완전히 귀신에 사로잡혀 있는 상태라고 볼 수 있습니다. 귀신에 완전히 사로잡혀 모든 인격이 다 파괴된 채 저주받은 인생을 살아가고 있었습니다. 무엇보다 배타적인 유대인 공동체 안에서 일곱 귀신이 들린 채로 사회적인 약자였던 여인으로 살아가야 한다는 것은 더욱 비참한 삶이 아닐 수 없었을 것입니다.

저희 아버지는 70년대 후반, 시골에서 목회를 하셨는데, 마을에 귀신 들린 사람이 있으면 교회로 데려오곤 했습니다. 아버지는 귀신 들린 사람들이 오면 귀신이 나갈 때까지 데리고 있으면서 기도해 주셨습니다. 그래서 귀신 들린 사람들을 가까이 지켜볼 경험들이 있었는데, 귀신 들렸다고 해서 24시간 내내 귀신이 들려서 사는 것은 아닌 것 같습니다. 중간중간 정신이 돌아오기도 합니다. 그때 그들은 다시 귀신의 지배를 받아야 한다는 생각에 두려움으로 울며 힘들어하는 모습을 보았습니다. 아마 막달라 마리아도 그런 사람이었을 것입니다. 예수님을 만나기 전에는 온갖 귀신에게 사로잡혀 인간으로서의 삶을 포기한 채, 죽지 못해 사는 인생이었던 것입니다. 그런데 이러한 마리아가 예수님을 만나 고통과 암흑의 삶에서 구출된 것입니다. 사망에서 생명으로 옮겨지게 된 것이지요.

성경은 "많은 죄를 사함을 받은 사람은 많이 사랑한다(눅 7:47)"고 말씀합니다. 주님으로부터 많은 용서를 받은 사람은 주님을 많이 사랑하게 되어 있습니다. 만약 예수님을 만나지 못했더라면, 어둠 속에서 한 줄기의 빛도 보지 못하고 생을 마감할 수밖에 없었을 마리아가 예수님을 만나 치유 받고 회복되어 인격적인 삶을 살 수 있게 된 것입니다. 그런 마리아가 주님의 은혜에 감사와 감격을 느끼지 않는다면, 오히려 그것이 이상한 일일 것입니다. 그렇기에 마리아는 그 후로 예수님을 전심으로 사랑하며 따르는 삶을 살았습니다. 자기의 소유를 바쳐 예수님을 섬기며 따르게 된 것입니다. 그녀의 삶은 주님과 연결되어 떠나지 않았습니다.

예수님 시대, 유대의 율법 교사들은 그를 추종하는 여자들이 따라다니면서 자신들의 물질로 섬기는 풍습이 있었다고 합니다. 이런 풍습을 고려할 때, 막달라 마리아가 고침을 받고 예수님을 따라다니며 예수님께 필요한 것들을 물질로 섬기는 일은 자연스러운 일이었던 것 같습니다. 그렇게 예수님을 섬긴 여인들 가운데에는 헤롯의 청지기 구사의 아내 요안나라는 귀부인도 있었습니다. 그리고 열두 사도들의 일부 어머니들도 함께 했었습니다. 이들은 주로 가난한 어부들로 구성된 사도들의 경비를 충당했을 것입니다. 마리아는 다른 여인들과 함께 자기의 소유로 예수님의 일행을 섬긴 것으로 보아서는 비록 작은 마을 출신이지만, 어느 정도 재산을 가졌던 여인이었다고 학자들은 추정하기도 합니다.

예수님의 무덤까지 따라갔던 여인

막달라 마리아에 대해 많은 그리스도인들이 잘못 오해하고 있는 부분이 있습니다. 대부분 그리스도인들은 막달라 마리아라고 하면, 예수님께서 죽기 전에 향유를 그 발에 붓고 머리로 닦은 사람이라고 생각합니다. 그러나 그 여인은 베다니에 살고 있는 나사로의 누이 마리아였습니다. 그리고 막달라 마리아가 창녀라고 생각하는데, 막달라 마리아가 아니라 베다니 마리아가 창녀였습니다. 막달라 마리아가 향유를 깨뜨린 창녀라고 알려진 이유는 AD 591년에 교황 그레고리우스 1세가 부활절 설교를 하면서, 누가복음 7장에 등장하는 향유를 깨트린 마리아를 막달라 마리아라고 선언했기 때문입니다. 그래서 막달라 마리아는 창녀이자 예수님의 발에 향유를 부은 여인으로 오해받기 시작한 것입니다. 그런 이유로 중세에는 막달라 마리아는 언급할 가치도 없는 여자라고 취급되기도 하였습니다. 나중에 교황청이 이 사실을 알고 시정을 하였지만, 그럼에도 불구하고 이런저런 영향으로 인해 대중문화에는 막달라 마리아를 선정적이고 충격적으로 묘사하는 작품들이 많이 등장하고 있습니다. 대표적인 것은, 유명한 뮤지컬 '지저스 크라이스트 슈퍼스타'인데, 그 뮤지컬에서는 막달라 마리아를 예수님의 연인으로 묘사하고, 그 내용이 마치 진실인 것처럼 사람들에게 전달되고 있는 실정입니다. 그러나 분명히 알아야 할 것은 향유를 깨트린 창녀라고 알려진 마리아는 베다니의 마리아이고, 막달라 마리아는 일곱 귀신에 들려 인간다운 삶을 살지 못하다가 예수님을 만나 구원받고 새 삶을 시작한 여인이었다는 사실입니다.

모든 오해를 풀고 성경에서 말하는 막달라 마리아를 있는 그대로 바라볼 때, 막달라 마리아의 행동을 제대로 이해할 수 있을 것입니다. 성경에는 막달라 마리아가 네 번 언급되고 있습니다. 첫 번째는 누가복음 8장에 기록되어 있는데, 예수님께서 일곱 귀신을 쫓아 주신 후에 다른 여인들과 함께 자신의 소유로 예수님의 일행을 섬기며 예수님의 복음 사역에 함께 했던 여인으로 소개되었습니다. 두 번째, 복음서에서 공통적으로 기록된 내용 중의 하나는, 예수님께서 십자가에서 못 박혀 죽으실 때 그곳을 끝까지 지킨 사람 가운데 한 사람으로, 예수님께서 무덤에 매장될 때 그것을 목격하고 시신에 바를 향품을 준비한 여인으로 소개되고 있습니다. 세 번째 역시 복음서에 공통적으로 기록하고 있는 내용인데, 안식 후 첫날 예수께서 묻힌 무덤을 방문했고 그곳에서 가장 먼저 부활한 예수님을 만난 여인으로 소개되고 있는 것입니다. 그리고 마지막 네 번째는 예수님의 승천 이후에 마가 다락방에서 마음을 같이 하며 기도에 힘쓰고 있었던 여자들 (행 1:14) 중에 마리아가 있었다고 추정됩니다. 이러한 성경의 기록들은 막달라 마리아가 어떤 사람인지 알려줍니다. 예수님을 진심으로 사랑하고 끝까지 따랐던 사람이 바로 막달라 마리아였습니다. 그렇기에 막달라 마리아가 무덤에서 예수님의 시신이 없어진 것을 발견했을 때, 차마 발걸음을 옮기지 못하고 그 자리에서 큰 소리로 울고 있을 수밖에 없었습니다.

울다가 부활하신 예수님을 만난 여인

요한복음 20장 11절을 보면, 막달라 마리아가 무덤 밖에 서서 울고 있었다고 기록하고 있습니다. 사실 마리아 혼자 무덤을 찾아간 것이 아닙니다. 여인들과 함께 갔습니다. 그리고 예수님의 시신이 없어진 것을 알고, 시몬 베드로와 예수님의 사랑하시는 제자에게 이야기했습니다. 두 제자는 무덤에 와서 예수님의 시신이 없다는 것을 확인했지만, 예수님의 시신을 찾을 생각도 하지 않고 급히 돌아가 버립니다. 아마도 두려웠던 것 같습니다. 예수님이 죄인으로 잡혀 죽임을 당하셨기에, 예수님을 따르던 자신들의 목숨도 담보할 수 없는 상황이었기 때문입니다. 그런데 누군가 예수님의 시신을 훔쳐 갔다면 자신들은 더욱 큰 위험에 처해 있다고 생각했기에, 곧바로 집으로 돌아가 문을 잠그고 숨어 있었습니다. 그런 상황 속에서도, 막달라 마리아는 집으로 돌아가지 않았습니다. 마리아는 돌아갈 생각조차 하지 못하고 그 자리에 우두커니 서서 울고 있었습니다. 마리아는 무엇 때문에 울고 있었을까요? 왜 소리를 내며 크게 울부짖고 있는 것일까요? 11절에 쓰인 '울고 있더니'의 헬라어 동사는 '클라우이아 (κλαίουσα)'라고 하는데, 이는 '클라이오(κλαίω)'의 현대 능동태 분사로서 감정을 억제하지 못하고 큰소리를 내어서 통곡하며 우는 것을 의미합니다. 한글 성경에는 그냥 마리아가 울고 있었다고만 표현되어 있지만, 헬라어 원어의 의미를 살펴보면 마리아는 그 자리에서 엉엉 소리를 내면서 큰소리로 통곡하고 있었던 것입니다. 아마 이러한 마리아의 대성통곡은 예수님을 따르는 자로서 예수님을 얼마나 사랑했는지를 보여주는 사랑의 표현이었을 것입니다.

그런데 마리아가 울고 있었기 때문에 미처 발견하지 못한 것이 있었습니다. 무덤 안에 있던 천사였습니다. 천사들이 마리아를 향해 묻습니다. "어찌하여 우느냐?(13절)" 마리아의 슬픔에 찬 눈물이 얼마나 처절했는지 천사들조차 왜 울고 있는지를 가장 먼저 물어보는 것입니다. 천사들의 질문은 마리아의 눈물의 이유를 몰라서가 아니라, 예수님은 부활하신 것인데 왜 울고 있는가 하는 질문이었습니다. 예수님께서는 부활하셔서 시신이 없는 것이기에 슬퍼할 일이 아니라 기뻐해야 할 일이라는 것이지요. 그러나 마리아는 그 의미를 알아채지 못한 채, 사랑하는 예수님의 시신이 없어졌다는 사실만 크게 느끼고 있었습니다. 그렇기에 마리아는 울면서 대답합니다. "누군가 나의 주님을 옮겨 갔는데 어디로 옮겨 갔는지 몰라서 울고 있습니다."라고요.

그리고 뒤로 돌이켜서 예수께서 서 계신 것을 보았습니다(14절). 아마도 천사에게 대답하는 중, 인기척을 느꼈던 것 같습니다. 그래서 말을 하다가 뒤를 돌아봤는데, 그곳에 부활하신 예수님이 서 계셨습니다. 그런데 아직 마리아는 그분이 예수님이신지 알지 못했습니다. 동산 지기라서 예수님의 시신을 옮겼다면 어디 있는지 가르쳐 달라고 자신이 가져가겠다(15절)고 이야기 한 것입니다. 그런 마리아를 보시며, 부활하신 예수님이 첫 번째 하신 말씀은 "여자여 어찌하여 울며 누구를 찾느냐?(15절)"는 것이었습니다. 부활하신 예수님의 첫 번째 질문도 천사가 마리아에게 물었던 질문과 동일한 것이었습니다. 예수께서 "어찌하여"라고 말씀하신 것은, 예수님께서 십자가에 못 박하시기 전에 제자들에게 부활하실 것을 몇 차례나 말씀하셨는데 그 사실을 기억하지 못하고 시신이 없어졌다고만 생각하고 있었기 때문입니다. 그러나 마리아는 위급한 상황 속에서 그 말씀이 떠오르지 않았습니다. 그저 예수님의 시신이 없어진 것이 너무 속상해서 울고 있는 것입니다. 예수님은 그런 마리아를 향해, "현실만 바라보고 울지 말고, 내가 너에게 한 말을 다시 떠올려 본다면 소망이 있다!"는 메시지를 주고 싶으셨던 것 같습니다. 그런데 마리아는 아직 예수님을 알아보지 못하고 대답한 것입니다.

슬픔에 가득 차 부활한 예수님을 알아보지 못하는 마리아에게 예수님은 자신이 누구신지 가르쳐 주기 위해 한마디 말씀을 하셨습니다. 그것은 마리아의 이름을 부르시는 것이었습니다. 16절을 보니 예수님께서 "마리아야~"하고 불러 주시는 장면이 기록되어 있습니다. 누구든 자신의 이름이 따뜻하게 불린다면 아마 친밀감을 느낄 수 있을 것입니다. 더욱이 자신의 이름을 알지 못할 것이라고 생각한 곳에서 자신의 이름이 불린다면 부르는 사람과의 친밀한 관계와 신분을 깨닫게 해 줄 것입니다. 예수님은 "내가 예수야! 내가 살아났어!"라고 말씀하시는 대신에, 마리아가 그 사실을 직접 느낄 수 있도록, 가장 인격적이고 친근한 한 마디를 말씀해 주신 것입니다. 그것은 마리아의 이름을 불러 주신 것입니다. "마리아야~" 예수님이 마리아의 이름을 불러 주셨을 때 그 음성 안에서 전달되어지는 사랑을 마리아는 느낄 수 있었을 것입니다. 마리아는 곧바로 예수님이신 것을 깨달았습니다. 그래서 자신의 이름을 불러주신 예수님을 향해 '랍오니~'라고 부르면서 돌아봅니다. 이 단어는 "나의 친애하시는 주님"이라고 해석하면 좋을 것 같습니다. 마리아는 주님이 생전에 자신의 이름을 불러 주시던 그 음성과 억양을 기억하고 있었을 것입니다. 그러므로 부드러운 음성으로 마리아를 불러 주신 이 극적인 장면은 매우 감동적인 장면이 아닐 수 없습니다.

울며 낙담한 자를 먼저 찾아오시는 주님

여기서 먼저 생각해 보아야 할 것이 있습니다. 빈 무덤을 본 것과 영광의 부활하신 주님을 본 것과는 분명히 차이가 있다는 것입니다. 빈 무덤을 본 사람들도 여러 명이 있었지만, 부활하신 주님을 처음으로 목격한 사람은 마리아였습니다. 제자들은 빈 무덤을 보고 낙담하여 돌아가 버렸습니다. 낙담하여 문을 닫고 두려움에 갇혀 숨어 있었습니다. 그러나 막달라 마리아는 자신의 모든 것이었던 예수님의 시신이 사라진 곳에서 움직일 수가 없었습니다. 비록 낙담하고 슬퍼서 그 자리에서 펑펑 크게 울었지만, 그렇게 울고 있다가 부활하신 예수님을 처음으로 목격하게 되었습니다. 큰 슬픔 속에 있었지만, 주님을 찾고 있었기 때문입니다. 눈물로 간절히 주님을 부르고 있었기 때문입니다. 주님은 외모를 보지 않습니다. 중심을 보십니다. 주님은 막달라 마리아가 자신을 얼마나 사랑하고 있으며, 얼마나 그의 마음과 뜻과 정성이 주님을 향하고 있는지 알고 계셨습니다. 지금 부활한 예수님을 가장 필요한 사람은 바로 막달라 마리아였습니다. 예수님의 무덤 앞에서 통곡하며 흘리는 그 눈물은 예수님을 향한 사랑이었고, 예수님을 부르는 소리였고, 예수님 없으면 살 수 없다는 마음의 외침이었습니다. 그 눈물이 예수님을 부르고 있었습니다. 그 눈물의 의미를 아시는 예수님이 예수님을 가장 필요로 하며, 예수님을 부르고 있는 마리아에게 가장 먼저 찾아가신 것입니다.

물론 부활하신 예수님은 빈 무덤을 보고도 집으로 돌아가 문을 잠그고 숨어버린 제자들도 찾아가 만나 주셨습니다. 예수님은 그들을 포기하지 않고 찾아가셔서 그들을 위로하시고 세워주셨습니다. 예수님은 제자들도 사랑하시고 막달라 마리아도 사랑하셨기 때문입니다. 그런데 예수님이 부활한 모습으로 가장 먼저 만나 주신 사람은 막달라 마리아였습니다. 그 이유가 무엇이었다고요? 막달라 마리아에게 부활하신 예수님이 가장 필요했기 때문입니다. 눈물로 간절히 예수님을 찾고 부르고 있었기 때문입니다. 눈물로, '예수님 없으면 살 수 없다'고 외치고 있었기 때문입니다. 그렇기에 마리아는 부활하신 예수님을 만났고 부활의 기쁨과 영광을 누릴 수 있었습니다. 눈물이 기쁨으로 변화되고, 간절함이 만남으로 응답받은 것입니다.

예수님은 마리아에게 "나를 붙들지 말라(17절)"고 말씀하십니다. 이 말씀은 손대지 말라는 의미가 아닙니다. 이제는 아버지께로 올라가실 것이기 때문에, 이전과 같은 관계가 아니라 새로운 관계를 설정해 주시는 것입니다. 예수님은 "내가 내 아버지 곧 너희 아버지 곧 하나님께로 올라간다(17절)"고 말씀하시며, 성자 예수님과 성부 하나님과의 연합을 가르쳐주십니다. 그렇기에 부활하신 예수님의 말씀에 순종하며 그분과 하나가 되어질 때, 하나님은 우리를 그리스도 예수와 하나 된 자로 보실 수 있습니다. 아버지와의 관계가 풍성한 은혜로 설정된 것입니다. 성부 하나님의 모든 것이 그리스도의 것이 되고, 성자 예수님의 것이 우리의 것이 되어, 우리가 하나님의 영광과 신성에 무한히 동참할 수 있게 되는 것입니다.

눈물로 예수님을 찾는 곳에 예수님이 먼저 찾아가십니다. 비록 낙담하였다고 할지라도, 주님을 간절히 필요로 한다면 예수님이 찾아오십니다. 왜냐하면 예수님을 향해 마음을 열고 간절히 찾고 있기 때문에, 예수님이 찾아가셨을 때 예수님을 환영하며 순종할 수 있기 때문입니다. 그렇기에 우리의 눈물이 억울함 때문에 흘리는 눈물로 끝나지 않고, 원망으로 흘리는 눈물로 끝나지 않고, 주님을 간절히 찾는 눈물로 승화되기를 원합니다. 예수님은 "애통하는 자가 위로를 받을 것이다(마 5:4)"고 말씀하셨습니다. 아픔 속에 눈물 흘리는 자, 낙담 속에 통곡하는 자를 먼저 찾아오시고 새로운 관계로 인도해 주실 것입니다. 그리고 그 눈물을 기쁨으로, 절망을 부활의 승리로 바꾸어 주실 것입니다.

6장
자신 있는 일에 실패를 경험한 자들에게

　자기가 가장 잘하는 일에서 실패를 경험하였을 때 겪을 수 있는 참담함은 이루 말할 수 없을 것입니다. 전혀 예상하지 않았기 때문입니다. 아니, 그 일을 통하여 성공하고 번성하며 자신의 이름을 빛낼 줄 알았기 때문입니다. 그러나 아무리 자신이 훌륭한 은사를 가지고 있는 분야의 일이라고 할지라도, 그 일에 실패하고 넘어질 수 있습니다. 한번이 아니라, 여러 번 실패할 수도 있습니다. 그때 어떻게 해야 할까요? 그 좌절감은 어떻게 극복할 수 있습니까? 혹시 여러분은 그러한 경험을 해보신 적이 있나요? 성경에 이와 같은 경험을 한 인물이 있을까요? 베드로가 이러한 경험을 하였습니다.
　베드로는 갈릴리 바닷가에서 살면서 평생을 어부로 살아왔습니다. 고기 잡는 일만큼은 누구에게도 밀리지 않는다고 자부할 수 있었습니다. 그런 베드로에게 밤새 그물을 내려도 물고기 한 마리 잡지 못하는 밤이 있었습니다. 처음 얼마 동안은 빈 그물을 건져 올린다 하더라도 쉽게 실망하지 않을 수 있습니다. 그날 날씨에 따라서, 바다 상태에 따라서, 매일매일 다른 것이 고기 잡는 일이기 때문입니다. 무엇보다 베드로가 자신하는 일은 성실함입니다. 베드로는 밤새 고기를 잡지 못했지만, 포기하지 않고 날이 밝도록 그물질을 하였습니다. 아무리 상황이 나빠도 성실함에는 보상이 주어진다고 믿었기 때문입니다. 그런데 그날 밤에 베드로는 물고기를 한 마리도 잡지 못했습니다. 고기 잡는 일에는 도통한 사람이라고 자부하는 베드로도 사실 이런 날은 의기소침해졌을 것입니다. 언감생심 어부를 그만둘 생각을 해 본적은 없었겠지만, 자신의 모습에 실망이 되고 그만두어야 할까 고민되기도 했을 것입니다. 그렇게 밤새 고기 잡는 일에 실패한 베드로에게 예수님이 찾아오셨습니다.

마태복음 4장 19절에 보면, 예수님께서 베드로와 안드레를 부르시는 장면이 나옵니다. 예수님께서 "나를 따라 오라!"고 말씀하셨을 때, 베드로와 안드레는 고기를 잡기 위해 손질하고 있었던 그물을 버려두고 예수를 쫓았습니다. 성경만 보면 예수님의 말씀에 얼마나 권위와 능력이 있었으면, 그들이 즉시 예수님을 쫓을 수 있었을까? 라는 생각도 듭니다. 그런데 누가복음 5장을 보면, 예수님과 베드로의 또 다른 만남이 기록되어 있습니다. 마태복음 4장에서 그들이 그물을 버려두고 예수님을 쫓기 전에, 이미 누가복음 5장에서 예수님과의 만남이 있었던 것입니다. 이런 만남이 있었기 때문에 그물과 배를 버려두고 예수님을 쫓을 수 있었던 것 같습니다. 마태복음은 그 결과를 기록한 것이고, 누가복음은 베드로와 안드레가 예수님을 만난 변화된 사건을 기록하고 있는 것입니다. 누가복음 4장에서 어떤 만남이 있었기에 베드로와 안드레는 예수님의 부르심에 모든 것을 버려두고 즉각 따라나설 수 있었을까요?

실패를 경험한 직후에 만난 예수님

베드로는 어떻게 예수님의 제자로서의 삶을 시작하게 되었을까요? 예수님과의 만남에서 어떤 일이 있었기에 예수님의 제자가 되기로 결단했을까요? 첫째는, 베드로가 처한 상황이 무척 중요합니다. 누가복음 5장을 보면, 예수님은 베드로가 하나님을 경험하기에 가장 적절한 시간에 찾아가셨습니다. 적절한 시간이었다고 표현한 것은, 한계를 경험한 직후가 하나님을 만나기 가장 좋은 시간이기 때문입니다. 베드로는 예수님을 만나기 전에 자신의 한계를 경험하고 있었습니다. 베테랑 어부였지만, 밤이 새도록 물고기 한 마리도 잡지 못했기 때문입니다. 고기 잡는 일에 일가견이 있다고 자부할 수 있는 베드로가 자신의 일에 처절하게 실패를 경험한 다음이었습니다. 그렇게 베드로가 고기 잡는 일에 실패하며 자신의 한계를 느끼고 있을 때, 예수님이 일방적으로 그에게 찾아가셨습니다. 그리고 배 띄우기를 요청하셨고, 그 배 위에서 모여든 무리들에게 하나님의 말씀을 전하시기 시작하셨습니다. 그때 베드로는 자신이 집중해서 들었던지, 아니면 그저 흘려들었던지, 배 위에서 말씀하시는 예수님의 말씀을 들을 수 있는 기회가 생겼습니다. 이점이 중요합니다. 베드로가 처한 상황은, 자신이 일가견이 있다고 생각했던 일에 실패를 경험했던 시간, 그러나 예수님이 일방적으로 찾아오셔서 자신의 배를 빌려서 그 배 위에서 말씀을 전하셔서, 그가 자의든 타의든 예수님의 말씀을 들은 이후의 시간이라고 하는 점이 중요하다는 것입니다.

두 번째, 예수님은 그러한 베드로에게 깊은 곳에 그물을 던지라고 명령하셨습니다. 목수의 아들로 소문나 있는 예수님의 말씀에 어부의 베테랑인 베드로가 순종하기를 기대한다는 것은 어려운 일일 수 있습니다. 그러나 베드로는 고기를 잡지 못한 실패감, 배 위에서 예수님의 말씀을 들었던 상황, 이 모든 것이 종합되어 예수님의 말씀에 순종하게 됩니다. 우리가 일반적으로 생각하기에 베드로의 순종은 무조건적인 순종이라고 생각되지만, 말씀을 자세히 묵상해 보면 베드로의 순종은 무조건적인 순종이 아니었다는 것을 알게 됩니다. 무조건적인 순종이었다면, 예수님의 명령에 어떠한 말대꾸도 하지 않고 순종했을 것입니다. 그런데 베드로는 "밤이 새도록 수고하였으되 잡은 것이 없지만"이라는 단서를 붙였습니다.

베드로가 이렇게 단서를 붙인 이유가 어디에 있을까요? 어쩌면 베드로는 자신이 옳다는 것을 보여주려고 했을지 모릅니다. 다시 말하면, 안 잡힐 것을 알지만, 그래도 그물을 던지겠다는 것입니다. 예수님께서 비록 권위 있게 말씀을 전하고 사람들을 끌어모으는 능력이 있어 보이지만, 고기 잡는 일에는 예수님보다 자신이 더 위에 있다는 것이지요. 그렇기에 자신에게 명령하신 예수님 앞에서 무엇인가를 보여주고 싶었는지도 모릅니다. 비록 물고기를 잡지 못하겠지만, 그로 인해 자신의 말이 옳다는 것을 증명하며 자신이 전문가인 것을 인정받고 싶었을지도 모릅니다. 베드로는 빈 그물을 들어 올리면서 예수님을 향하여 "보시오! 고기가 없지 않습니까?"라고 외치고 싶었을 것입니다. 많은 사람 앞에서 능력 있게 말씀을 전하신 예수님 앞에서 자신이 옳다는 것을 인정받는다면 밤새 고기를 잡지 못한 것에 대한 보상이 될 수도 있고, 스스로를 위로할 수 있는 일이 될 수도 있기 때문입니다.

그런데 이러한 베드로의 모습이 우리의 모습과 너무 유사합니다. 뻔히 보이는 결말! 더 이상 출구가 없어 보이는 현실! 무너진 신앙!

계산이 딱 나오지 않습니까? 분석은 이미 끝났습니다. 깊이 생각해 볼 필요도 없습니다. 당연히 아무것도 잡지 못할 것입니다. 그런데 여기서 베드로가 잘한 것이 있습니다. 그럼에도 불구하고 그물을 던졌다는 것입니다. 어떤 생각을 가지고 있었던지, 또 예수님 앞에서 무엇을 보여주고 싶었는지는 모르겠지만, 말씀에 의지하여 순종했다는 것입니다. 베드로는 깊은 곳으로 가서 그물을 던졌습니다. 현실적으로 결과는 불 보듯 뻔한 일입니다. 그 계산에는 어떠한 소망도 없고, 어떠한 기대도 없습니다. 그렇기에 누가 뭐라고 하든 꿈적도 하지 않을 마음이 이미 내 안에 있는 것입니다. 그러나 그렇게 생각하는 그 자리에서는 어떠한 변화도 일어날 수 없습니다. 현실적으로 불가능해 보이는 나의 계산이지만, 하나님이 명령하시면 그 명령에 순종하여 그물을 던져야 기적을 경험할 수 있습니다.

계산을 넘어서는 순종으로 경험하는 경외감

세 번째, 베드로는 자신이 예측한 것과는 달리 그물이 찢어지도록 고기가 잡힌 것을 목격하게 됩니다. 8절에 보면 "베드로가 이를 보고"라고 기록하고 있습니다. 성경에서 "보다"라는 단어는 "알다"라는 뜻으로 해석할 수 있습니다. 다시 말하자면 베드로는 자신의 계산, 자신의 예측과는 달리 고기가 그물이 찢어질 정도로 잡히는 광경을 보고 '알게 된 것'이 있었습니다. 예수님은 그저 뛰어난 랍비가 아니라는 것입니다. 하나님이 보내신 메시아, 곧 하나님이라는 사실입니다. 여기서 주목해야 할 부분이 있습니다. 자신이 보고 알게 된 경험적인 지식은 베드로로 하여금 하나님을 향한 경외감으로 이어지게 하였다는 것입니다. 기독교는 무조건 믿고 무조건 하나님을 경외하는 종교가 아닙니다. 하나님을 아는 지식, 경험을 통해서 깨달아진 살아있는 지식이 하나님을 향한 경외감으로 인도해갑니다. 베드로가 이러한 경이적인 사건을 눈으로 확인하지 못했다면, 결코 그물과 배를 버려두고 예수님을 따르지 못했을 것입니다. 이 기적을 보고 베드로는 예수님에 대한 호칭을 바꾸었습니다. 5절에서는 예수님을 '선생님'이라고 불렀지만, 8절에서는 '주여'라고 예수님을 불렀습니다.

네 번째, 베드로는 무릎을 꿇었습니다. 이것은 어느 누구도 강요하지 않은 일입니다. 베드로가 무릎을 꿇은 이유는 눈앞에서 전혀 예측하지 못했던 일, 자신의 계산을 넘어선 일이 일어나는 것을 목격했기 때문입니다. 지금 베드로는, 텅 비어 있던 배가 고기로 가득 찬 것이 중요하지 않습니다! 돈이 중요하지 않습니다! 물고기보다, 돈보다 더 중요한 것에 베드로는 사로잡히게 된 것입니다. 자신 앞에 서 있는 섦은 복수의 아들에게 압도되어, 자기도 모르게 그 자리에서 무릎을 꿇은 것입니다. 여기서 무릎을 꿇었다는 것은 굴복과 복종의 표현입니다. 왜 이렇게 굴복과 복종의 표현이 나왔을까요? 그것이 예수님의 경이적인 능력과 위엄 앞에 베드로가 보여드릴 수 있는 최고의 표현이었기 때문입니다. 성경을 보면 인간적인 계산을 넘어선 초월적인 창조주의 일들을 경험했을 때, 누가 강요하지도 않아도 하나님 앞에 굴복하고 복종하는 모습이 나옵니다. 바울도 그런 경험이 있었습니다. 사도행전 9장에 보면 바울이 회심을 경험할 때 하늘에서 강한 빛이 둘러 비추는 순간 반사적으로 땅에 엎드렸습니다. 자신의 의지와 상관없이 무릎을 꿇게 된 것입니다. 이 경험으로 인해서 폭도 사울이 바울로 거듭나게 된 것입니다. 하나님에 대한 경외감의 표현은 바로 여기서부터 시작됩니다.

경외감으로 인한 자각과 부르심

다섯 번째, 베드로는 무릎을 꿇은 후에 '주여, 나를 떠나소서!'라고 말합니다. 전능하신 하나님을 만났을 때, 우리가 처음으로 느끼는 감정은 두려움입니다. 이 두려움이라고 하는 감정은 내가 나를 컨트롤 할 수 없을 때 밀려오는 감정입니다. 한번 생각해 보십시오! 언제 두려움이 있었는지 말입니다. 내가 내 삶을 제어할 수 있고, 무언가 예측할 수 있다면, 두려움은 없습니다. 그런데 내 예측을 뛰어넘는 일, 내 자신이 컨트롤 할 수 없는 일이 일어날 때 두려움이 밀려오게 됩니다. 베드로는 두려움에 사로잡혔습니다. 고기 잡는 일에는 일가견이 있다고 생각한 자신은 밤새도록 실패만 경험했는데, 목수의 아들 예수님의 한마디 말씀에 순종했을 때, 자신의 계산과 현실적인 예측을 벗어난 놀라운 일이 일어난 것입니다. 도저히 상상할 수 없는 일이 일어났을 때, 그는 그분 앞에 무릎을 꿇을 수밖에 없었고, 몰려드는 경외감 속에서 자신의 모습을 자각하게 된 베드로는, 자신을 떠나달라고 말할 수밖에 없었던 것입니다.

유한한 인간이 무한한 하나님을 만났기 때문입니다. 유한이 무한을 만났을 때 일어나는 일이 있습니다. 그것은 두려움입니다. 그리고 그 두려움 속에서 굴복하는 일입니다. 무릎을 꿇는 일입니다. 그리고 그 경외감 속에서 자신의 실상을 보게 됩니다. 한계로 가득한 인간, 실패를 반복하는 연약한 피조물에 불과하다는 것을 깨닫게 되는 것입니다. 베드로는 지금 이러한 경험들을 하고 있는 것입니다. 출애굽기 3장 6절에 보면, 모세도 호렙산에서 하나님을 만났을 때 하나님을 뵈옵기가 두려웠다고 기록되어 있습니다. 모세는 두려움에 압도되어 자신의 얼굴을 가릴 수밖에 없었습니다. 베드로도 마찬가지였습니다. 자기 앞에서 있는 목수의 아들 청년은 이제 목수의 아들이 아니라 하나님이 보내신 메시아, 하나님이실 수 있다는 사실을 깨달은 것입니다. 베드로의 이 고백은 인생 전부를 항복한 고백입니다. 베드로는 물고기가 가득 잡혀진 모습을 보고 현실적인 고백과 판단을 할 수도 있었을 것입니다. "예수님! 감사합니다! 저와 늘 함께 해주셔서 지속적으로 이러한 일들을 경험하게 하옵소서!" 또는 "오늘은 복 받은 날입니다! 감사합니다!", "우와 수지맞았네!" 등의 고백을 할 수도 있었을 것입니다. 그러나 베드로는 이런 현실적인 고백을 하지 않고 영적인 고백을 하였습니다. 이것이 베드로의 위대함입니다!

하나님이 베드로를 사용하실 수 있었던 이유가 바로 여기에 있습니다. 전능하신 하나님의 놀라운 기적을 경험하고도 인간은 현실적인 만족에만 기뻐할 수 있습니다. 현실적인 기적만 추구할 수 있습니다. 그러나 베드로는 고기를 많이 잡았다는 사실에, 돈을 많이 벌게 되었다는 사실에 주목한 것이 아니라, 무한하신 하나님을 만났다는 사실에 주목한 것입니다. 유한한 인간이 무한한 하나님을 만날 때 언제나 일어날 수 있는 일입니다. 베드로는 예수님이 하나님 되심을 경험한 뒤, 그분이 절대적인 주도권을 가지고 계신다는 사실을 알게 되었습니다. 그리고 자기 스스로는 지금 이 상황에서 벗어날 수 없다는 것을 알았습니다. 스스로 이 장소에서 벗어날 수 없다면, 답은 하나밖에 없습니다. 그것은 나에게 명령하셨던 예수님이 나를 떠나셔야만 합니다. 그래야 내가 두려움에서 벗어날 수 있기 때문입니다. 그래서 베드로는 두려움 속에서 다음과 같은 고백을 예수님께 드릴 수 있었던 것 같습니다. "주여, 나를 떠나소서!" 그 정도로 베드로가 경험한 경외감은 위압적이었습니다.

여섯 번째, 베드로는 "죄인"임을 고백하였습니다. 하나님의 경외를 경험한 사람은 비로소 자신의 실체를 깨닫게 됩니다. 그것은 죄로 가득 찬 모습입니다. 베드로는 예수님을 주님으로 고백하는 순간, 자신이 죄인인 것을 깨달았습니다. 예수님은 한 번도 베드로의 죄를 지적하거나 자백을 유도하지 않으셨습니다. 오늘날도 마찬가지입니다. 예수님을 진정한 주님으로 고백하게 될 때, 우리의 본 모습을 깨닫게 됩니다. 죄인임을 고백하게 되는 것입니다. 명목상의 기독교인이 진정한 기독교인으로 바뀌게 되는 시점입니다. 소위 은혜를 받았다고 하는 사람들 가운데, 자신의 경험에 비추어 교회를 비판하거나 주변의 그리스도인들을 판단하는 사람들도 있습니다. 건전한 비판과 판단은 필요하지만, 정말로 예수님을 만난 사람들은 먼저 자신을 보게 됩니다. 자신이 죄인임을 자각하고 있기에 누군가를 비판하는 일에 적극적이 되지 못하는 것이지요. 이렇게 내가 변화되면 모든 것이 변화되게 되어 있습니다.

일곱 번째, 예수님은 베드로의 고백을 들으시고 그를 부르시고 사용하셨습니다. 두려움에 떨고 있는 베드로에게 "무서워 말라(10절)"고 말씀해 주십니다. 하나님은, 부족함을 알고 그것을 인정하며 굴복하는 사람을 먼저 사용하십시오. 인간의 뛰어난 능력으로도 불가능한 일이 하나님께 순종할 때 가능하기 때문입니다. 그렇기에 자신의 한계를 인정하고 죄인임을 자각한 사람은 하나님께 온전히 순종하게 됩니다. 지속적으로 순종하게 됩니다. 그때 하나님의 역사가 이뤄지게 되는 것입니다. 베드로가 떠나달라고 요청하자, 예수님은 그를 부르시고 사용하셨습니다. 이것이 기독교의 역설입니다.

실패한 자에게 주어지는 기회

베드로처럼 밤새 물고기를 잡았지만 한 마리도 잡지 못했던 실패의 시간이 누구나 있을 것입니다. 평생을 반복해서 통달의 경지에 오른 일이었기에 그 일만큼은 자신 있다고 자부했지만, 철저하게 실패하는 순간이 있을 것입니다. 아무리 노력해도 극복하지 못하는 일이 있을 것입니다. 인간적인 계산으로는 어떠한 소망도 없는 순간이 있을 것입니다. 그런데 하나님의 말씀은 세상적으로 볼 때 비현실적입니다. 오히려 더 실패할 수밖에 없는 방법입니다. 하지만 말씀에 의지하여 순종했을 때, 기적을 경험할 수 있습니다. 삶의 전환을 만들어 낼 수 있습니다. 그 실패의 자리가 하나님의 전능하심을 경험하고 나의 죄인 됨을 고백하며 고기 낚는 어부가 아닌 사람을 낚는 어부로 변화되는 자리가 될 수 있는 것입니다. 실패의 자리가 삶의 전환점이 만들어지는 순간이 되기 위해서는, 자의든 타의든 하나님의 말씀을 들을 수 있었던 시간과 장소가 필요합니다. 말씀을 듣고 순종함으로 하나님의 기적을 경험하며 경외함으로 나갈 수 있는 시간과 장소가 필요한 것입니다. 현실적으로 모든 계산이 끝나 어떠한 기적도 일어나지 않을 것 같은 상황일지라도, 지금 들려지는 주님의 말씀에 의지하여 그물을 내리는 순종을 보여드립시다. 그때 기적이 일어납니다. 실패가 삶의 전환점을 만들어 내는 기회가 될 것입니다.

 기독교를 기독교답게 만드는 참된 요소는 무엇입니까? 교회를 교회답게 만들고, 그리스도인을 그리스도인답게 만들 수 있는 원칙과 성경적인 기준은 무엇입니까? 여러 가지가 기준들이 있을 수 있겠지만, 누가복음 5장에 나타난 베드로의 경험과 고백이 무엇보다도 신앙의 정체성을 점검하는 중요한 기준이 될 수 있을 것입니다. 그 경험과 고백이란, 하나님을 만나고 그 앞에서 경험되는 두려움 속에서 나를 바라보고 주님께 올려드리는 고백으로서, 신앙의 출발점이 되는 동시에 신앙을 유지하게 해주는 힘과 동력이 되는 것입니다. 교회 공동체의 구성원인 그리스도인들은 정도의 차이는 있겠지만, 절대자인 하나님을 만나 그 안에서 굴복되어지고, 그 굴복된 마음을 우리의 입술로 고백하면서 신앙을 출발하였습니다. 그렇기에 교회 공동체는, 그리스도인은 하나님에 대한 경외감을 잃어버리면 정체성이

흔들리고 도태의 길로 접어들 수 있습니다. 한국교회가 하나님의 현존을 체험하지 못한다면, 그분의 현존 앞에서 절대적인 경외심을 경험하지 못한다면, 타락의 길로 떨어질 수밖에 없을 것입니다. 그러나 하나님을 경외할 수 있는 경험이 반복되어 "주여 나를 떠나소서! 나는 죄인입니다!"라는 처절한 절규가 한국교회 안에서 재연될 때, 한국교회는 비로소 갱신과 부흥을 경험할 수 있을 것입니다. 지금 당신이 실패한 그 자리에서, 주님의 말씀이 들려오는 그 자리에서 순종하고 그물을 내리십시오! 그때 하나님을 향한 경외감이 다시 경험되어질 수 있을 것입니다. 실패가 기회가 되어 삶의 전환과 부흥의 기회를 마련할 수 있을 것입니다.

7장
삶의 갈증이 채워지지 않는 자들에게

삶에서 사람을 가장 행복하게 해 줄 수 있는 요소를 말하라면, 아마도 '돈'을 이야기하는 사람들이 많이 있을 것입니다. 물질만능주의 시대에 살면서 돈이 있으면 해결하지 못하는 문제들이 거의 없다고 생각할 수 있기 때문입니다. 내가 하고 싶은 일들을 할 수 있을 만큼 돈을 가지고 있으면 좋지요. 그러나 돈이 풍족하다고 행복해지는 것은 아닙니다. 성경에 보면, 솔로몬 왕만큼 모든 것을 풍족히 갖춘 왕도 드물 것입니다. 그는 세상에서 최고의 지혜 자로 소문이 나 있었고, 그 결과 세계 많은 곳에서 솔로몬 왕을 만나기 위해 사람들이 모여 들었으며, 많은 재물과 후궁, 그리고 누릴 수 있는 거의 모든 것들을 누리며 삶을 살았습니다. 그러나 그는 전도서를 쓰면서 "헛되고 헛되며 헛되고 헛되니 모든 것이 헛되도다"(전 1:2)에 기록하였습니다. 많은 것을 누렸지만, 인생을 돌아보니 헛되다는 것입니다. 돈과 명예와 여자와 맛있는 것을 먹는다고 인생이 의미 있고 행복해지는 것이 아니라는 것입니다. 세상의 것으로 채울 수 없는 무엇인가가 인간의 내면에 있기 때문입니다. 그것을 깨닫는 데에도 많은 시간이 걸릴 수 있습니다. 이와 비슷한 경험을 하신 분들이 많이 있을 것입니다. 삶에서 갈증이 일어나는데 어느 것으로도 채워지지 않는 경험 말입니다. 성경에도 그러한 인물이 등장합니다.

   누가복음 19장을 보면, 삭개오 이야기가 나옵니다. 이때 예수님은 3년의 공생애를 마치고 십자가를 지시는 일을 남겨 놓으신 상태에서, 십자가를 지시기 위해 예루살렘으로 올라가는 길에 마지막 관문인 여리고에 도착하였습니다. 고고학적으로 여리고는 세계에서 최고 오래된 성곽도시로 알려져 있습니다. BC 7000년대에 이미 성벽으로 둘러싼 도시를 형성한 곳이 여리고입니다. 유대 사람들이 갈릴리에서 예루살렘으로 가려면 여리고를 지나야 합니다. 사실 갈릴리에서 예루살렘으로 가는 최단 거리는 중앙 사막지대를 통과하는 '족장의 길'입니다. 그 길로 가는 것이 가장 빠르지만, 그 길은 사마리아를 통과하기 때문에, 유대인들은 요단강을 따라 내려와서 여리고를 거쳐 예루살렘으로 올라갔습니다. 여리고에서 예루살렘까지 걸어가는 거리는 약 18마일로, 28.8km(약 70리) 정도 됩니다. 반나절이면 걸어갈 수 있는 거리이지만, 고저 차이로 인해 하루를 더 가야 한다고 합니다. 예루살렘은 해발 780m에 있는데, 반해 여리고는 해저 250m에 있기 때문에, 갈릴리에서 내려온 유대인들은 여리고에서 하룻밤을 묵고, 그다음 날 일찍 일어나 1,000m를 등산해서 예루살렘으로 올라가는 것입니다. 이렇게 예루살렘에 도착하게 되면 밤이 되었습니다.

예수님과 제자들이 여리고에 도착하셨을 때, 그곳에는 삭개오라는 세리장이 있었습니다. 그는 유력인사였고, 상당한 재력가였습니다. 그러한 그가 예수님이 여리고에 도착하셨다는 소식을 들었을 때, 예수님이 어떤 사람인가 보고 싶었습니다. '삭개오'라는 이름은 '순진한, 순수한'이라는 의미를 가지고 있었습니다. 그러나 삭개오는 자신의 이름과는 반대되는 삶을 살아왔습니다. 당시 세리들은 로마 정부가 정한 세금보다 더 많은 돈을 거두어 로마 관리자들에게 아부하고 자신들의 부를 축척하는 일로 동족들 사이에서 악명이 높았습니다. 바로 그 세리들의 책임자인 세리장이 삭개오였던 것입니다. 이스라엘 사람들은 세리들을 로마 사람들보다 더 싫어하고 상종조차 하지 않으려고 했습니다. 더군다나 여리고는 헤롯의 겨울 궁전이 있던 대도시로, 당시 남방의 수입품과 북방의 수입품이 교차하였던 국제 시장이 형성되어 있어서 세금의 액수가 무척 컸다고 합니다. 이러한 도시에 세리장이었기에, 삭개오는 매우 부유한 사람이었을 것입니다.

그런데 그러한 삭개오가 왜 예수님을 만나고 싶었을까요?

단절된 관계 속에 채워지지 않는 갈증

단순한 호기심이었을까요? 아닙니다. 단순한 호기심에 세리장이라는 신분으로 뽕나무 위까지 올라간다는 것은 이해하기 어려운 행동입니다. 그는 세리장이자 부자였습니다. 세상적으로 보면 부족함 없이 잘 살 수 있는 사람입니다. 그런데 그것만으로 인생을 행복하게 살 수 없었습니다. 도리어 그에게는 사회적인 대인관계에 대한 갈증과 종교적인 갈증이 있었습니다. 동족의 세금을 갈취하는 세리장인 삭개오를 이스라엘 사람들은 교제권 안으로 받아주지 않았습니다. 그래서 늘 사회 속에서 대인관계에 대한 갈증 속에 살아야만 했습니다. 게다가 이스라엘은 종교와 정치가 일치를 이루고 있는 사회였기에, 종교 생활에 있어서도 공공연하게 죄인으로 낙인찍혀 하나님께 더 가까이 다가갈 수 없는 종교적인 갈증도 있었습니다. 이러한 갈증 속에 삭개오의 삶은 점점 공허해져 갔을 것입니다. 세리장이라는 사회적인 위치로도, 물질적인 풍요함으로도 채워지지 않는 공허함 속에 살아가고 있었을 것입니다.

아무리 돈이 많고, 아무리 지위가 높아도 자신을 인정해주는 사람들이 주변에 없다면, 돈이 많고 지위가 높은 것이 무슨 의미가 있겠습니까? 물론 돈으로 만들어진 관계는 있었을 것입니다. 그러나 돈으로 엮인 관계는, 돈이 사라지면 끝나는 관계입니다. 진실된 마음과 사랑을 나눌 수 있는 관계는 아닙니다. 더군다나 죄인으로 낙인찍혀 하나님께로 나갈 수도 없으니 어떻게 죄를 해결 받을 수 있겠습니까? 사람에게는 물질로만 채워지지 않는 부분이 있습니다. 이 세상의 지위와 명예만으로 채워지지 않는 부분이 있습니다. 하나님만 채울 수 있는 영혼의 빈 잔이 있는 것입니다. 삭개오는 단절된 관계 속에서 그 갈증들을 채울 수 없었기에, 삶은 점점 더 황폐해져 갔을 것입니다.

지금 우리 사회는 코로나 19를 겪으면서 사회적인 거리 두기로 여러 가지 어려움을 겪고 있습니다. 또한 코로나 때문에 14일간의 자가 격리를 하는 사람들도 있습니다. 그런데 아무리 최고급 호텔에서 모든 것이 제공된다고 할지라도, 14일간 자가 격리를 하는 것은 너무 힘든 일입니다. 그래서 14일간의 자가 격리를 끝내고 나온 사람들은 너무 기뻐하며 해방감을 만끽하곤 합니다. 이렇게 자가 격리가 힘들기에, 아무리 좋은 환경이 제공된다고 하더라도 누구나 방법만 있다면 자가 격리를 피하려고 할 것입니다. 아마 삭개오의 삶도 이와 같았을 것입니다. 그는 사회와 종교와 격리된 삶을 살고 있었습니다. 단지 14일이 아니라, 오랜 기간 동족과 격리되어 살았습니다. 그리고 하나님과 격리되어 고립된 채로 살아온 것입니다. 그렇다 보니, 삭개오는 얼마나 따뜻하고 인격적인 만남이 그립고, 인격적인 대화와 교제가 그리웠을까요? 더 이상 이렇게 살다가는 죽을 수도 있겠다는 생각마저 들었을 것입니다. 코로나로 인해 우리 사회도 우울증 환자들이 많이 늘었는데, 아마 삭개오도 이러한 우울증을 겪고 있었을 수 있습니다.

갈증 속에 들려오는 소식

그때 예수님께서 삭개오가 살고 있는 여리고에 도착하셨다는 소식을 듣게 됩니다. 이미 이전부터 예수님에 대한 소문을 듣고는 있었죠. 병든 자를 고치시고, 귀신 들린 자를 회복시키시며, 세리와 죄인들의 친구가 되신다는 예수님, 그 예수님을 멀리서라도 보고 싶었습니다. 예수님이라면, 어쩌면 삭개오가 가지고 있었던 모든 고민을 해결해 주시고 갈증을 채워주실 수 있을 것 같았습니다. 그래서 한 번쯤은 꼭 만나고 싶다고 생각하고 있었는데, 예수님께서 여리고에 도착하셨다는 것입니다. 그러나 예수님을 만나는 것이 생각보다 쉽지 않았습니다. 왜냐하면 예수님은 언제나 많은 사람들로 둘러싸여 있기 때문입니다. 늘 사람들과의 관계 속에서 일정한 거리를 유지하며 살아왔던 삭개오는, 예수님을 에워싸고 있는 많은 사람들 사이를 비집고 예수님 앞으로 나갈 자신이 없었습니다. 더욱이 삭개오는 키가 작았기 때문에 멀리서 사람들에게 둘러싸여 있는 예수님의 모습을 볼 가능성은 거의 없었습니다. 이런 상황이라면, 누구든지 예수님 만나는 것을 포기하고 집으로 돌아가려고 했을 것입니다. 삭개오가 집으로 돌아갈 이유는 충분했습니다. 그러나 삭개오는 그냥 돌아가지 않았습니다. 오늘이 아니면 다시는 이런 기회가 오지 않을 수 있다는 생각이 들었던 것입니다. 그런 분을 평생에 다시 만날 수 없을 것이라는 생각이 들었을 것입니다.

  삭개오는 집으로 돌아가지 않고 예수님을 만날 수 있는 방법을 찾기 시작했습니다. 그러다가 예수님께서 지나가시는 길에 서 있는 '돌무화과나무' 한 그루를 발견했습니다. 개역 한글 성경에서는 '뽕나무'라고 번역되어 있는데, 실제로는 잘못된 번역이라고 합니다. 그는 어른인데도 마치 어린아이들처럼 유치하게 뽕나무 위로 올라갔습니다. 삭개오가 뽕나무 위로 올라갔다고 하는 것은 자존심을 내려놓았다는 것을 의미합니다. 먼저는 어른이라고 하는 자존심을 내려놓아야만 했습니다. '어린아이와 같은 행동을 한다'는 놀림을 감수하면서까지 예수님을 만나고 싶었던 것입니다. 또한 키가 작다는 자신의 핸디캡을 드러내야 하는 수치심도 내려놓았습니다. 어쩌면 먼저 나무에 올라간 아이들과 자리다툼도 했을지 모릅니다. 부끄러움이 없는 아이들은 예수님을 보기 위해 먼저 전망 좋은 자리로 올라갔을 것이기 때문입니다. 그러나 그 모든 것들이 예수님을 만나는 것보다 중요하지 않았습니다.

  삭개오는 뽕나무 위로 올라가 예수님을 기다리고 있었습니다. 얼마나 긴장이 되었을까요? '예수님을 볼 수 있을까?', '혹시 말 한마디 걸어볼 수 있을까?' 여러 가지 생각이 들었을 것입니다. 그런데 저쪽에서 예수님과 제자들이 인파에 둘러싸여 오시는 모습이 보입니다. 그리고 예수님의 일행이 점점 더 뽕나무 쪽으로 가까이 옵니다. 삭개오는 가슴이 떨리기 시작했을 것입니다. 곧 예수님을 볼 수 있을 것이란 기대로 고개를 쭉 빼들고 예수님이 오시는 방향을 향해 자세를 잡았을 것입니다. 그저 예수님의 얼굴만 보아도 좋을 것 같다는 마음으로 예수님을 기다리고 있었습니다. 그런데 예수님의 행렬이 뽕나무 아래에 도착했을 때, 갑자기 예수님께서 뽕나무 위를 쳐다보셨습니다. 그 순간, 예수님의 눈과 삭개오의 눈이 마주치게 되었습니다. 삭개오는 심장이 멈출 것 같았을 것입니다. 그런데 예수님이 자신의 이름을 불러 주셨습니다. "삭개오야!" 어떻게 이런 일이 일어날 수 있습니까? 삭개오는 단지 그분의 얼굴만이라도 볼 수 있으면 좋겠다고 생각했는데, 예수님은 삭개오의 이름을 부르시고 계신 것입니다.

어린아이와 같은 간절함으로

성경에서 이름을 부른다는 것은 매우 중요한 의미를 담고 있습니다. 구약적인 개념으로 보면, 이름은 그 사람의 존재 자체를 의미합니다. 또한 '이름을 부른다'는 것은 그 사람을 안다는 것입니다. 예수님은 삭개오의 이름을 불러 주셨습니다. 한 번도 만난 적이 없는데, 예수님은 삭개오의 이름을 알고 계셨던 것입니다. 예수님을 만나고 싶어 모든 수치심을 내려놓고 뽕나무 위로 올라간 삭개오를 알고 계셨습니다. 돈으로는 채워지지 않는 삶의 갈증으로 힘들게 살아왔던 삭개오를 알고 계셨습니다. 동족들과 관계가 끊어져 고립되어 외롭게 살아왔던 삭개오를 알고 계셨습니다. 자신의 잘못된 선택 때문이지만, 하나님께 나갈 수 없어 황폐해진 삶을 살아왔던 삭개오를 알고 계셨던 것입니다. 예수님은 하나님의 아들이셨기 때문입니다.

예수님은 언제나 죄인들을 부르시지만, 예수님을 찾는 죄인에게만 예수님의 애타는 목소리가 들립니다. 그러므로 우리가 하나님께 돌아온 순간, 그때 예수님이 우리를 처음 부르신 것이 아니라, 우리가 주님께 관심조차 주지 않았을 때에도 안타깝게 우리를 부르고 계셨다는 사실을 나중에야 비로소 알게 됩니다. 예수님은 사랑의 마음을 가득 담아 삭개오의 이름을 불러 주셨습니다. 삭개오는 뽕나무 아래에서 자신을 바라보시며 자신의 이름을 불러주신 예수님 때문에 큰 충격을 받았을 것입니다. 예수님 주변에 예수님을 만나기 위해 몰려든 사람들이 많이 있었지만, 그 많은 사람들 중에서 자신의 이름을 불러주셨기 때문입니다. 그곳에 있던 모든 사람들이 다 들을 수 있도록 삭개오의 이름을 정확하게 불러주신 것입니다. 혹시 이런 경험이 있으신가요? 많은 사람들에게 존경을 받는 유력한 사람이, 눈에 띄지도 않는 나에게 찾아와서 내 이름을 모든 사람들이 다 듣도록 불러주었던 경험이 있으십니까? 그때 삭개오의 마음이 어떠했을까요?

예수님께서 삭개오의 이름을 불러주시고 삭개오를 만나주신 이유가 무엇입니까? 그것은 삭개오가 예수님을 가장 만나기를 원했기 때문입니다. 삭개오에게 예수님이 가장 필요했기 때문입니다. 어떻게 알 수 있습니까? 삭개오가 세리장의 신분으로 뽕나무에 올라간 사건만으로도 삭개오의 간절한 마음을 알 수 있습니다. 예수님은 모든 사람을 사랑하시고 모든 사람을 만나시기를 원하십니다. 그러나 예수님을 만나는 사람은 누구입니까? 예수님을 가장 필요로 하는 사람입니다. 예수님을 가장 사모하는 사람입니다. 그렇기에 진정으로 예수님을 만나기를 원한다면 자존심을 다 내려놓을 수 있어야 합니다. 삭개오처럼 뽕나무에 올라갈 수 있어야 합니다. 그런데 예수님을 만나고 싶지만, 삭개오처럼 뽕나무까지는 올라가지 못하겠다고 생각한다면, 아직은 주님과의 만남이 간절하지 않다고 할 수 있습니다.

삭개오의 모습을 보면, 예수님께서 "너희가 돌이켜 어린 아이들과 같이 되지 아니하면 결단코 천국에 들어가지 못하리라(마 18:3)"고 말씀하신 이유를 알 수 있습니다. 어른들은 지켜야 할 것도 많고, 유지해야 할 것도 많기 때문에 쉽게 포기하지 못하는 것들이 많습니다. 사실 별 유익도 되지 못하는 것이지만요. 그런데 그러한 것들이 창조주이신 하나님 앞에서는 필요 없습니다. 그분은 이미 나의 모든 것을 알고 계시기 때문입니다. 삭개오는 예수님을 한 번도 만난 적이 없지만, 삭개오의 이름을 알고 계셨던 것처럼, 예수님은 나의 모든 것을 알고 계십니다. 지금까지 살아온 방식대로 관습을 붙잡고, 체면을 붙잡고, 수치심을 붙잡고 있지만, 그런 것들은 오히려 예수님을 만나는 데 방해가 될 뿐입니다. 예수님은 어린아이처럼 방해가 되는 모든 것들을 다 내려놓고 나오라고 말씀하고 계십니다. 그래서 예수님을 만난 사람들의 공통적인 특징은 자신의 모든 가면을 내려놓고, 모든 관습을 내려놓고, 모든 자존심을 모두 내려놓은 자입니다. 더 이상 자신을 가릴 것이 없기에 있는 모습 그대로 주님을 만날 수 있게 되는 것입니다.

연결된 관계, 채워진 갈증

예수님은 삭개오의 이름만 알고 계신 것이 아니었습니다. 삭개오의 갈증을 알고 계셨습니다. 지금 삭개오가 간절히 갈망하는 것은 사람들과의 친밀한 교제였을 것입니다. 어느 누구에게도 자신의 마음을 열어 대화를 나눌 상대가 없었기 때문입니다. 이것이 삭개오에게 가장 필요하다는 것을 알고 계셨던 예수님은 삭개오에게 말씀하십니다. "삭개오야, 속히 내려오라. 내가 오늘 네 집에 머물러야 하겠다!" 삭개오에게는 그 어떤 말씀보다 더 소망이 되는 말씀이었습니다. 삭개오의 오랜 갈증을 채워주시는 예수님의 소망의 선언이었습니다. "삭개오야, 이제까지 아무에게도 이야기하지 못했지? 그 아픔 혼자 꾹 누르고 있었지? 혼자만 울고 있었지? 이제 나와 같이 이야기하자! 내가 너의 말을 들어주고, 내가 너의 눈물을 닦아주고, 그리고 너의 아픔을 같이 나눌 거야!"라는 예수님의 초청입니다.

그러나 예수님 주변에 몰려 있던 사람들은 예수님이 왜 죄인의 집에 들어가겠다고 하는지 알 수 없다며 수군거렸습니다. 이스라엘의 오랜 관습은 죄인들과 거리를 두는 것이기 때문입니다. 죄인들과 교제하지 않는 것이기 때문입니다. 죄인들과 교제하는 것은 자신들도 같은 죄인으로 취급받을 것을 감수해야 하는 일입니다. 그래서 이스라엘 사람들은 갈릴리에서 예루살렘으로 갈 수 있는 제일 빠른 길을 포기했습니다. 다른 민족과 피를 섞은 사마리아 사람들과 거리를 두기 위해서 사마리아를 통과해야 하는 족장의 길을 포기하는 것입니다. 철저하게 죄인들과 거리를 두고 관계를 단절시켰던 것입니다. 그것이 하나님이 원하시는 것이라고 믿었기 때문입니다.

그런데 지금 예수님께서는 죄인인 세리장의 집에 들어가겠다고 하십니다. 아니 세리장인 삭개오의 이름을 부르셨을 때 만해도, 어쩌면 사람들은 삭개오의 죄를 꾸짖어 주실 것이라고 생각했을 것입니다. 삭개오의 잘못을 낱낱이 지적하며 호통을 치실 줄 알았던 것입니다. 그런데 죄인의 집에서 함께 거하겠다니요. 죄인과 함께 먹고 마시며 교제를 나누겠다니요. 사람들은 이해할 수 없었습니다. 그러나 예수님은 많은 사람들의 수군거림보다는, 한 사람을 살리는 것이 더 중요했습니다. 사람이 있고 관습도 있는 것입니다. 사람이 없으면 모든 것이 없는 것입니다. 그래서 예수님은 선포하십니다. "인자가 온 것은 잃어버린 자를 찾아 구원하려 함이니라." 하나님의 관심은 잃어버린 한 영혼을 살리는 것에 있음을 선포하신 것입니다. 죄인을 외면하고 배척하기 위해서가 아니라, 죄인을 찾으러 오셨다는 것입니다.

예수님 당시 유대인들처럼 우리도 오랜 전통 때문에 한 영혼을 외면하고 있지는 않습니까? 오래 이어져 온 전통 때문에 거리를 두고 관계를 단절시키고 있는 것은 아닙니까? 하나님은 한 사람을 살리기 위해, 그에게 살아있는 소망을 주기 위해, 독생자 아들을 이 땅에 보내셨습니다. 예수님은 그 사명을 완수하러 십자가를 지기 위하여, 내

일이면 예루살렘으로 올라가셔야 하는데도 불구하고, 그 여정에서 삭개오를 만나신 것입니다. 잃어버린 자를 찾아 구원하시는 것이 예수님의 사명이시기에, 삭개오를 외면하지 않으셨습니다. 마지막 순간까지 한 영혼에 대한 관심과 사랑을 보여주신 것입니다. 단절된 관계 속에서 고립되어 잃어버린 한 영혼, 죄인이라고 손가락질을 받아온 한 영혼을 만나주신 것입니다.

세상은, 많은 물질을 갖게 되면 행복해질 것이라고 말합니다. 세상은, 높은 지위에 올라가게 되면 행복할 것이라고 말합니다. 삭개오는 많은 부도 소유해 보았고, 높은 지위에도 올라가 보았습니다. 그러나 부와 명예만으로 채워지지 않는 갈증이 있었습니다. 부와 명예가 순간적인 만족과 기쁨은 줄 수 있을지언정, 진정한 기쁨과 행복을 주지는 못했던 것입니다. 무엇보다 관계의 단절은 큰 고통을 가져다주었습니다. 돈만 있으면, 높은 지위에 오르면, 사람들이 인정해주고 따를 줄 알았습니다. 그러나 돈으로 만들어진 관계는 피상적인 관계에 불과했습니다. 오히려 더 죄인이라 낙인찍혀 하나님께도 나아갈 수도 없었던 것입니다. 그 어떤 것보다 하나님과의 관계가 끊어진 것처럼 고통스러운 것은 없었습니다. 채워도 채워도 채워지지 않은 갈증은 삭개오를 뽕나무 위로 올라가게 만들었습니다. 모든 자존심을 내려놓고 예수님을 만나러 나가게 만든 것입니다. 그런데 예수님은 그

고통을 알고 계셨습니다. 삭개오의 갈증을 알고 계셨기에 삭개오의 이름을 부르시고 삭개오의 집으로 함께 들어가신 것입니다.

혹시 삭개오처럼 삶의 갈증이 채워지지 않는 분들이 있으신가요? 정도의 차이는 있다고 할지라도, 나만의 세계에 갇혀서 고립되어 외롭게 살아가고 있지는 않습니까? 그리고 우울증이나 정신적인 질환으로 하나님의 도우심이 간절히 필요한 사람이 있지 않습니까? 이렇게 살다가는 죽을 수밖에 없을 것 같다고 느끼면서도, 그 문제를 해결해 주실 수 있는 예수님 앞에 나오지 못하는 이유는 무엇입니까? 그것은 우리의 자존심입니다. 그것은 우리의 수치심을 포기하지 못하기 때문입니다. 그저 어린아이처럼 예수님 앞에 나오십시오. 혼자 울지만 마시고, 혼자 아파하지만 마세요. 혼자 고민하지만 마세요. 그저 어린아이처럼 주님 앞에 나올 수만 있다면 주님은 나를 만나 주십니다. 주님을 만나고자 하는 간절함이 있다면, 주님은 이미 그 마음을 아시기에 우리를 찾아오실 것입니다. 그리고 이름을 불러주실 것입니다. 가장 힘들 때, 누군가가 내 이름을 따스하게만 불러주어도 힘이 날 수 있는데, 구원자이신 예수님께서 우리에게 찾아오셔서 우리의 이름을 불러주신다고 하면 얼마나 위로가 되겠습니까?

그러나 우리가 주님을 찾기 전까지는 주님의 부르심이 우리의 귀에 들리지 않을 것입니다. 우리가 간절히 주님의 사랑을 찾기 전까지는 주님이 사랑으로 우리를 애타게 찾으시는 음성이 들리지 않을 것입니다. 그렇기에 삭개오처럼 모든 것을 내려놓고 뽕나무 위로 올라가십시오. 그 간절함으로 체면과 자존심과 가면들을 내려놓고, 어린아이와 같이 있는 모습 그대로 주님 앞에 나오십시오. 그때 우리는 깨닫게 될 것입니다. 이미 모든 것을 알고 계신 주님께서 나를 찾고 계셨다는 사실을, 나를 만나기를 원하셨다는 사실을 깨닫게 될 것입니다. 그리고 그 사랑 안에서 내가 가지고 있었던 문제들이 풀어지고, 갈증들이 해갈되는 놀라운 은혜를 맛보게 될 것입니다.

8장
위로가 필요한 자들에게

 인생의 밑바닥에서 고생하다가 회복하기 위해 일어서야 하는데 도움이 필요한 분들이 계신가요? 어떠한 도움이 필요할까요? 내가 죄인이라는 것도 알고 있고, 내 잘못으로 힘들고 어려운 과정을 거쳐왔다는 것도 알고 있지만, 이대로 계속 살아갈 수 없어 회복하고 싶은데 어떻게 해야 회복할 수 있는지 그 길을 알고 싶은 분들이 계십니까? 성경에 보면 이와 비슷한 사례가 있습니다. 자신들의 죄로 나라를 잃고, 70년간 바벨론 포로 생활을 하다가 다시 고국으로 돌아오게 된 이스라엘의 이야기입니다. 힘들 만큼 힘들었고, 고생할 만큼 고생했기에, 이제 고국으로 돌아와 다시 일어서기를 원하지만, 어떤 힘으로 다시 일어서고 회복해야 할지를 하나님께서 가르쳐주고 계신 것입니다. 그것은 한마디로 '위로'입니다. 사전적인 의미로 위로란, '따뜻한 말이나 행동으로 상대방의 슬픔과 괴로움을 달래 주는 일'을 의미합니다.

반복되는 죄로 인해 이제는 죄의식마저 없어진 사람들을 하나님은 어떤 마음으로 바라보실까요? 죄 때문에 삶의 밑바닥까지 내려간 사람들을 향해 하나님은 어떤 일을 하실까요? 이사야 40장에는, 그런 상황에 있는 이스라엘 백성을 향하신 하나님의 위로하심이 선포되고 있습니다. 하나님은 죄 때문에 나라를 잃는 어려움을 당하여, 삶이 밑바닥에 놓여 있던 이스라엘을 향해서 회복을 약속하시며 위로하기 원하셨습니다. 원하던지, 원하지 않던지, 죄짓고 밑바닥에 쓰러져 있는 당신의 백성들을 향하신 하나님의 마음은 위로였습니다. 이사야서는 1장부터 39장까지는 이스라엘의 죄악을 들어내면서 그 죄의 대가로 하나님의 심판이 있다는 말씀을 선포하고 있지만, 40장부터 66장까지는 심판 후에 그들을 어떻게 회복하실 것인지에 대해 선포하고 있습니다.

이사야 40장은 그 회복을 선포하고 있는 첫 장입니다. 이스라엘은 그들의 죄 때문에 나라를 빼앗기고, 바벨론으로 포로로 끌려가 70년 동안 노역을 살게 됩니다. 5년도 아니고, 10년도 아니고, 70년입니다. 70년 동안 노역을 살면서 얼마나 힘들고 아팠을까요? 그리고 얼마나 많이 통곡했을까요? 그런데 하나님은 그렇게 지치고 상한 이스라엘 백성들의 마음을 회복시키기 위해 '위로'라는 방법을 사용하셨습니다. 이스라엘의 회복은, 바벨론에서 다시 고국으로 돌아오는 것만이 회복이 아닙니다. 진정한 회복은 그들의 마음이 회복되어져야 합니다. 그래야 다시 하나님과의 관계 속에서 무너진 성벽을 수축하며 소망을 가지고 살아갈 수 있기 때문입니다. 그래서 하나님은 그들의 굳은 마음을 녹이기 위해 '위로'라는 방법을 사용하신 것입니다. 사회가 냉담해질수록, 죄악으로 물들어 갈수록, 사회를 회복시키기 위한 방법은 사랑입니다. 더 이상 회복을 기대할 수 없다고 생각되는 상황 속에서, 그 사회를 변화시키고 구성원들을 돌이킬 수 있는 가장 중요한 방법은 사랑입니다. 위로는 사랑을 바탕으로 합니다. 진정한 위로는 상대방의 마음에 사랑이 전달될 수 있을 때 가능합니다. 그렇기에 '위로하라'는 메시지는 '사랑을 담아 그들의 마음을 헤아리고 보다듬다'는 의미를 가지고 있습니다.

다시 숨 쉬게 하는 위로

이사야 선지자는 "너희의 하나님이 이르시되 너희는 위로하라 내 백성을 위로하라"고 선포합니다. 이 말씀을 보면, 위로의 선포자가 되시는 하나님이 먼저 나오고, 위로받을 대상인 하나님의 백성이 뒤따라 언급되고 있습니다. 이 말씀에서 너무나 중요한 표현이 있습니다. 위로를 선언하는 주체이신 하나님을 '너희의 하나님'이라고 표현한 것입니다. 다시 말하면, 이스라엘 백성을 위로하시고자 하는 하나님은 열방의 하나님이시고 이 세상의 모든 사람들의 하나님이시기는 하지만, 특별히 위로가 필요한 '너희'들의 하나님이 되신다는 것을 강조하고 있습니다. 여기서 '너희'는 누구입니까? 일차적으로는 유다 백성입니다. 죄 때문에 나라를 잃고, 바벨론 포로로 끌려가 있는 유다 백성입니다. 그런데 하나님은 그들을 향해 자신을 '유다 백성의 하나님'이라고 소개하고 있는 것입니다. 이 말씀은, 비록 유다 백성이 범죄하여 바벨론의 포로로 끌려가 있지만, "여전히 너희는 나의 백성이고 나는 너희의 하나님이다. 나는 한 번도 너희를 포기한 적이 없다. 나는 여전히 너희를 사랑하고 있다."라는 의미를 내포하고 있는 말이기도 합니다

우리는 자주 착각합니다. 삶이 어려워지면 그 어려움이 하나님의 징계라는 생각이 들고, 그 징계가 길어지면 하나님이 더 이상 우리를 사랑하지 않는다고 착각하는 것입니다. 그런데 하나님은 이사야 40장 1절에서, 하나님 자신을 '너희의 하나님'이라고 소개하시면서, 하나님은 한 번 택한 당신의 백성을 절대 버리지 않고 포기하지 않는다는 것을 가르쳐 주고 계십니다. "너희는 내가 너희를 버렸다고 생각할지 모르지만, 죄 때문에 내가 너희에게 가까이 가지 않는다고 생각

할지 모르지만, 나는 너희를 한 번도 버린 적이 없다! 너희는 내 백성이고 나는 너희의 하나님이기 때문이다!"고 말씀하시는 것입니다. 위로를 선포하고 계신 하나님은 그 위로를 받을 대상의 하나님이 되신다는 것입니다. 위로받을 자와 전혀 상관없는 사이가 아니라, 위로받을 자의 하나님이 되신다는 관계를 정립해 주고 계신 것입니다. 이러한 위로의 선포는 일차적으로는 유다 백성을 향한 말씀이지만, 이차적으로는 하나님을 믿는 모든 하나님의 백성에게 선포하시는 말씀입니다.

또한 위로받을 대상인 유다 백성을 '내 백성'이라고 선포하고 계십니다. '내 백성'이라는 표현은 언약 관계에 있는 유다 백성을 지칭합니다. 전쟁의 패배자로 이방 땅에서 살아가며 너무나도 괴롭고 힘든 그들을 향해, 하나님은 "너희들은 내 백성이다. 여전히 내 백성이다. 나에게 속하여 나의 보호와 나의 통치를 받아야 될 나의 백성이다!"라는 사실을 가르쳐주고 있습니다. 징계 가운데 있다고 할지라도, 삶의 밑바닥이 있다고 할지라도, 그리고 어떠한 하나님의 은혜와 긍휼도 느껴지지 않는 자리에 있다고 할지라도, 하나님은 분명히 말씀하십니다. "나는 너희의 하나님이고, 너희는 나의 백성이다!" 하나님께서는 위로받을 자의 하나님이시고, 위로받을 자는 하나님의 백성이라는 관계를 명확하게 알려주시는 것입니다. 아무런 관계도 없는데 위로하는 것이 아니라, 하나님과 하나님의 백성이라는 언약 관계 속에서 위로하시고 그 관계 안에서 위로받는다는 것입니다.

위로자와 위로받을 자와의 관계를 정립해 주시는 하나님은 "위로하라. 너희는 위로하라. 내 백성을 위로하라"고 말씀하십니다. '위로하라'는 단어는 그 원어적인 의미를 풀어보면, '다시 숨 쉬게 한다'는 뜻을 가지고 있습니다. 위태로운 상황에서 생명을 주어 그 사람을 다시 숨 쉬게 하여 소생시킨다는 의미가 담겨져 있는 것입니다. 앞에서 사전적인 의미를 설명하였지만, 하나님이 뜻하는 위로는 더 포괄적이고 핵심적인 의미를 가지고 있습니다. 다시 말해서, '위로한다'는 것은 말만 따뜻하게 하는 것이 아니라, 절망 가운데 죽어가는 사람을 다시 살리는 것이 진정한 위로라는 것입니다. 유다 백성들은 자신들의 죄 때문에 나라를 빼앗기고 포로로 끌려가면서 하나님은 자신들을 버리셨고, 하나님과의 관계는 깨졌기에, 더 이상 자신들을 돌보지 않으신다고 생각했을 것입니다. 그들의 마음 안에 있는 상처 때문에, 그들이 처한 아픔 때문에, 이런 마음이 늘 자리 잡고 있었던 것입니다. 그런데 하나님과 유다 백성과의 관계가 끝난 것이 아닙니다. 하나님은 당신의 백성이 징계를 받고 있을지라도, 그 백성을 잊지 않고 그 기간이 끝나기를 기다리고 계셨습니다. 우리는 이러한 하나님의 마음을 잘 알지 못하는 것 같습니다. 하나님은 설령 우리의 죄 때문에 우리를 징계하실지라도, 그 징계 받는 시간에도 우리를 포기하지 않고 오히려 그 징계 받는 시간을 우리와 함께하시면서 그 징계 기간이 끝나시기를 함께 기다리시고 계십니다.

그런데 바벨론 포로로 끌려가 있는 유다 백성들 입장에서 볼 때는, 하나님이 자신들을 버리셨고, 자신들을 떠났다고 생각하였습니다. 하나님이 자신들과의 관계를 끝내셨기 때문에, 힘들고 어려운 일들이 가중되고, 내일에 대한 소망을 품을 수 없다고 생각하고 있었던 것입니다. 그러나 하나님의 시간이 되었을 때, 하나님은 유다 백성에게 나타나셔서 위로의 말씀을 전하고 계십니다. "나는 한 번도 너희를 떠나본 적이 없다. 한 번도 너희를 버려본 적이 없다. 나는 너희와 함께하고 있었다. 나는 너희의 하나님이고 너희는 나의 백성이다. 내가 너를 위로할 것이다!" 하나님은 한 번도 유다 백성을 떠나신 적이 없었습니다. 오히려 유다 백성들과 고통을 함께 하시면서 징계가 끝나기를 기다리고 계셨습니다. 그들을 다시 회복시킬 시간을 기다리고 계셨던 것입니다. 그리고 정해진 시간이 되었을 때, 하나님은 징계의 고통 속에 숨이 끊어질 것 같은 유다 백성들을 다시 숨 쉬게 해주실 것입니다. 죽어가는 유다 백성들을 다시 소생시켜 주실 것입니다. 이것이 우리 하나님 아버지의 마음입니다. 그래서 이사야 40장 1절에서 하나님은 '위로하라'는 말씀을 두 번이나 반복하고 계신 것입니다.

위로의 과정

고린도후서 1장 3~4절을 보면, "찬송하리로다 그는 우리 주 예수 그리스도의 하나님이시여 자비의 아버지시여 모든 위로의 하나님이시며 우리의 모든 환란 중에서 우리를 위로하사 우리로 하여금 하나님께 받는 위로로서 모든 환란 중에 있는 자들을 능히 위로하게 하시는 이시로다"라고 기록되어 있습니다. 바울은 이 말씀을 통해, '하나님이 주시는 위로의 과정'을 아주 명확하게 정리하고 있습니다. 하나님은 모든 위로의 하나님으로서 모든 환난 중에서 우리를 위로하사, 먼저 위로받은 우리로 하여금 환난 중에 있는 다른 자들을 위로하게 하시는 과정을 진행하기 원하신다는 것입니다. 이것은 매우 중요한 성경의 핵심입니다. 예수님이 이 땅에 오셔서 궁극적으로 행하신 사역이 어떠한 사역이었을까요? 바로 사랑과 긍휼로 사람을 위로하시는 사역이었습니다. 왜냐하면, 위로라는 것이 다시 숨 쉬게 하는 일이기 때문입니다. 죽은 사람을 다시 소성케 하는 일이 위로이기 때문입니다. 예수님은 이 땅에 오셔서 '십자가의 죽으시고 부활'하셔서 그 위로의 사역을 감당하실 수 있는 모든 방법을 마련해 놓으셨습니다. 십자가에서 죽으시고 부활하심으로 죽은 사람을 살릴 수 있게 되었기 때문입니다.

예수님께서 아프고 힘든 사람들을 위로하시는 이유가 있습니다. 그것은 먼저 그들을 회복하고 살리시기 위함이 첫 번째 목적이며, 다음으로는 예수께 위로받은 사람들이 또 다른 위로가 필요한 사람들에게 그 위로를 나누어줄 수 있도록 하기 위함입니다. 이 과정이 계속 진행된다면, 위로가 지속적으로 전달되어 모든 사람들이 위로받을 수 있습니다. 왜 예수님은 이런 과정으로 위로하기 원하셨을까요? 위로를 받아본 자만이 진정한 위로를 할 수 있기 때문입니다. 입술로만 위로하는 것은 진정한 위로가 되지 않아요. 마음에 와닿지 않는 것입니다. 그래서 이사야 40장 2절에서 하나님은 "너희는 예루살렘의 마음에 닿도록 말하며 그것에게 외치라"라고 말씀하고 계십니다. 하나님은 마음에 닿도록 위로하길 원하십니다. 차갑게 머리로만 이해해서 전달하는 게 아닙니다. 화려한 언어를 사용해서 전달하는 것이 아닙니다. 마음에 닿도록 위로해야 합니다. 위로가 마음에 와서 닿아야 다시 숨을 쉬고 다시 살아날 수 있습니다.

그런데 마음에 닿도록 위로한다는 것은 어려운 일입니다. 위로하고 싶어도 어떻게 위로해야 될지 알지 못할 때가 많이 있습니다. 그래서 하나님은 '위로를 받아본 너희들이 위로해야 한다'는 것입니다. 위로를 받은 사람만이, 자신의 경험을 바탕으로 어떻게 위로해야 진정으로 위로가 되는지 알 수 있습니다. 그래서 이미 위로를 받았던 사람이 해주는 위로는 다른 사람의 마음에 와닿을 수 있습니다. 또한, 위로받아 살아난 사람은, 그 감격으로 자신의 주변에 위로가 필요한 사람들이 보이기 시작합니다. 그래서 그들에게 찾아가서 자신이 받았던 위로와 사랑을 나누어 주며 위로할 수 있습니다. 자신이 받았던 은혜를 나누어 주면서 위로할 때, 위로가 필요했던 사람이 위로를 받고 살아날 수 있습니다. 이렇게 위로받은 자들이 또 다른 자들을 위로할 수 있도록 하시는 것이 예수님께서 가장 바라는 이 일의 과정입니다.

'위로'라는 주제를 가지고 성경을 보면, 성경은 실패자들을 위로한 이야기들로 가득 채워져 있습니다. 야곱은 집을 떠나서 방랑자가 되어 벧엘의 한 벌판에서 돌베개를 하고 잠이 들었습니다. 그때, 하나님은 꿈을 꾸게 하시고, 그 꿈에서 환상과 비전을 보여주시면서 야곱을 위로하셨습니다. 야곱이 벧엘에서 위로의 하나님을 만나지 못했다면, 아마도 그는 계속해서 방황하는 인생을 살았을지도 모릅니다. 엘리야도 그렇습니다. 그는 갈멜산에서 바알 선지자들과 아세라 선지자들을 처단하고 여호와 하나님만이 참신이심을 증명하였지만, 이세벨 왕비가 죽이겠다는 말에 두려움 속에서 광야로 도망을 갑니다. 그 위대한 선지자가 쫓겨 가듯이 광야로 들어가 한 로뎀나무 아래 쓰러져 있었을 때, 하나님은 천사를 보내시어 먹을 것을 주시며 그를 위로하셨습니다. 우리가 가장 힘들 때 우리를 살아나게 할 수 있는 힘은 위로입니다. 사랑의 위로입니다. 그래서 성경은 수없이 많은 위로의 이야기들로 가득 차 있는 것입니다.

예수님께서 승천하시고 우리에게 보내주신 성령님도 위로자이십니다. 성령의 또 다른 명칭인 '보혜사'라는 단어는 '보살피며 은혜를 베푸시는 분'이라는 뜻으로, '위로자'(Comforter), '중보자'(Mediator), '돕는 자'(Helper), '상담자'(Counselor)라는 의미를 가지고 있습니다. 헬라어로는 '파라클레토스(παράκλητος)'라고 부릅니다. 파라클레토스의 가장 중요한 의미도 '위로자'라고 하는 것입니다. 예수님이 하나님 아버지께로 올라가시면서 성령님을 우리에게 보내주셨는데, 그 성령님은 우리의 상담자가 되셔서 우리를 상담해 주시면서 위로해 주신다는 뜻입니다. 하나님은 성령께 위로받은 자들이, 위로가 필요한 다른 사람들을 찾아가 성령님의 위로를 전해주길 바라십니다. 그리고 그 사람은 또 다른 위로가 필요한 사람을 찾아가 위로하고 살리는 일이 반복되길 바라시는 것입니다. 이렇게 위로가 순환되며 모든 사람들이 살아나기를 바라고 계십니다.

첫 번째 위로의 메시지 - 노역은 끝났다

이사야 40장에서, 하나님은 바벨론 포로 생활로 지치고 더 이상 인생의 어떤 희망도 가질 수 없는 유다 백성들을 위로하고 계십니다. 그러면 어떤 메시지가 그들에게 위로가 될 수 있을까요? 하나님은 어떤 메시지로 그들을 위로하시길 원하셨을까요? 크게 두 가지를 이야기할 수 있습니다. 첫 번째는, "노역의 때가 끝났다. 모든 죄로 말미암아 여호와의 손에서 벌을 배나 받았다"는 것입니다. 다시 말하면, 죄 때문에 힘든 시간을 보냈지만, 이제 그 시간이 끝났다는 것입니다. 고통이 끝났다는 것만큼 큰 위로가 되는 메시지가 어디 있을까요? 슬픔이 끝났다는 것만큼 큰 기쁨을 가져다주는 위로가 어디 있을까요? 무엇보다 죄의 시간이 끝났다고 하는 것이 가장 큰 위로가 되는 것입니다. 그런데 그 시간이 끝났을 뿐만이 아니라, 모든 죄가 사해졌고 죗값을 다 치렀다고 선포하시니, 더 이상의 위로와 소망의 메시지는 없을 것입니다. 얼마나 큰 위로가 되는 말씀입니까? 죗값이 다 치러졌기 때문에 이제는 더 이상 죄로 인해 고통을 받지 않아도 되는 것입니다. 죄에서 해방되어 진정한 자유를 누릴 수 있게 되는 것입니다.

우리는 우리에게 있는 연약함 때문에, 세상에 나가 살면서 죄 안 짓기를 원하지만 늘 죄를 지을 수 있고, 그 지은 죄 때문에 넘어지고 아파하며 살아갑니다. 때로는 그 죄로 우리 스스로의 고난을 자초하기도 합니다. 그런데 우리가 지은 죄 때문에 늘 힘들고 어렵게만 살아야 할까요? 그렇지 않습니다. 우리의 죗값을 담당하신 예수께 나오기만 하면, 그 십자가 밑으로 나오기만 하면, 나의 죄를 대신해서 죽어주신 예수님이 나를 받아주시고 의인이라고 선언해 주십니다. 하나님은 유대 백성에게 동일한 위로의 말씀을 선언해 주십니다. "너의 죗값이 사해졌다. 네 죄의 모든 값이 다 치러졌다! 너는 이제 자유다!"라는 위로의 말씀을 전해주시는 것입니다.

사실 인생의 문제는 돈의 문제, 건강의 문제, 관계의 문제가 아닙니다. 이런 것들이 복잡하게 얽혀 있는 것이 인생의 가장 큰 문제처럼 보이지만, 그러나 궁극적으로는 헤아려 보면 그건 부수적인 문제입니다. 가장 큰 문제는 내 힘으로 해결할 수 없는 죄의 문제가 가장 크고 어려운 문제입니다. 하지만 십자가에서 죽으신 예수님을 통해, 우리는 죄 사함을 받을 수 있습니다. 죄에서 자유로울 수 있다면, 그것보다 더 큰 위로가 없을 것입니다. 그래서 죄 사함을 받은 사람들은 "인생이 새롭게 시작되는 것 같습니다! 새로운 삶을 출발하는 것 같습니다!"라는 고백을 하게 되는 것이지요.

예수님의 십자가는 우리에게 주신 가장 강력한 위로가 됩니다. 누구든지 십자가 앞에 나갈 수만 있다면, 십자가 앞에 나가서 죄의 짓

눌린 모습을 내려놓을 수만 있다면, 예수님은 다음과 같이 말씀해 주실 것입니다. "너희의 죄가 사함을 받았고, 그 죗값이 다 치러졌다!" 그때 우리는 비로소 자유를 얻게 됩니다. 죄로부터 해방되어 자유를 얻고 하나님이 주시는 구원의 은혜를 경험할 때, 돈의 문제, 관계의 문제, 건강의 문제는 부수적인 문제였다는 사실을 깨닫게 될 것입니다. 그것들은 하나님께서 하나님의 시간에 해결해 주실 수 있는 문제임을 확신하게 되는 것입니다.

두 번째 위로의 메시지 - 온전한 회복

두 번째, 하나님께서 유다 백성을 위로한 말씀은 이사야 40장 3~5절에 나타나고 있습니다. "외치는 자의 소리여 이르되 너희는 광야에서 여호와의 길을 예비하라 사막에서 우리 하나님의 대로를 평탄하게 하라 골짜기마다 돋우어지며 산마다, 언덕마다 낮아지며 고르지 아니한 곳이 평탄하게 되며 험한 곳이 평지가 될 것이요 여호와의 영광이 나타나고 모든 육체가 그것을 함께 보리라." 우리가 죄 가운데 있었을 때, 우리 내면에는, 나도 모르게 높아진 골짜기가 생겼을 수 있습니다. 상처 때문에 깊게 패인 부분이 있었을 수 있으며, 우리 마음이 고르지 않게 삐뚤빼뚤해진 부분이 있었을 수 있습니다. 어두운 죄 가운데서 살아가면서 사람들은 서로 상처를 주고받으며, 그 상처로 인해 높은 산과 같은 벽을 만들어 내고, 깊게 패인 골짜기를 만들었으며, 그러한 내면의 상태 때문에 우리의 인생길은 굽이굽이 굽어졌을 수 있습니다. 그렇게 굽어진 길을 걸어가면서 얼마나 힘들었습니다. 얼마나 어려웠습니까?

그런데 예수님께서 어두운 우리 마음에 빛을 비춰주시고, 우리의 모든 죄를 사해주시면, 모든 것이 회복되기 시작합니다. 나도 모르게 높아진 골짜기가 깎여져 낮아지게 되고, 나도 모르게 움푹 패었던 골짜기가 메워져서 평탄하게 되며, 나도 모르게 삐뚤어진 마음의 길이 곧게 펴지게 됩니다. 내게 생겨난 모든 인생의 문제들은 죄 때문에 만들어진 결과물들입니다. 죄로 인해 높아지고, 패이고, 삐뚤어진 인생의 길이 만들어진 것입니다. 그렇기 때문에, 죄 사함을 받고 자유함을 얻게 되면 그 모든 것들이 치유되기 시작합니다. 높아진 것이 낮아지고, 골짜기가 메워지고, 삐뚤어진 길이 평탄하게 되는, 하나님의 구원을 온전하게 경험하게 되는 것입니다. 이것이 유다 백성들을 향한 하나님의 위로 메시지였습니다.

하나님은 외치는 자의 소리에게 외치라고 말씀하십니다. "골짜기마다 돋우어지며 언덕마다 낮아지며 고르지 아니한 곳이 평탄하게 되고 험한 곳이 평지가 될 것"이라고 외치라는 것입니다. 이것이 죄에서 자유함을 얻은 하나님의 백성이 삶에서 경험하게 될 구원의 온전한 모습입니다. 이러한 메시지는 유다 백성에게 큰 위로가 될 것입니다. 오랜 노역으로 상처받고 무너진 삶이 온전하게 회복된다는 말씀은 너무나 큰 위로와 소망이 되는 것입니다. 하나님은 지금도 위로하기 원하십니다. 그리고 어떤 상황에 있더라도 하나님은 관계를 먼저 정립해 주시며 위로의 메시지를 보내십니다. "나는 너희의 하나님이고, 너희는 내 백성이다! 나는 너희를 위로해서 다시 숨 쉬게 할 것이다. 다시 회복해서 일어날 수 있도록 도와줄 것이다!" 이것이 위로가 필요한 사람들에게 하나님께서 건네시는 위로의 메시지입니다. 하나님은 한 번도 우리를 떠나신 적이 없습니다. 우리를 버리신 적이 없습니다. 하나님의 때가 되면 하나님은 우리를 찾아오셔서 위로하실 것입니다. 우리를 다시 숨 쉬게 하고, 모든 높아진 산들을 낮추시며 골짜기를 메꿔주시며 험한 길을 평지가 되게 해 주실 것입니다.

9장
믿음의 결단이 필요한 자들에게

우리가 믿음을 가지고 신앙생활을 하더라고 늘 평탄한 삶이 주어지는 것은 아닙니다. 때로는 이해할 수 없는 어려움이 밀려오고, 때로는 막다른 골목에 들어서서, 어찌할 바를 몰라할 때도 생겨납니다. '왜 믿음을 가지고 살았는데 이러한 일들이 생겨나는가? 하나님은 나에게 무엇을 더 원하시는가?' 답답할 때가 한두 번이 아닙니다. 이러한 상황에서 문제가 해결되지 못하고 심각한 어려움에 봉착하게 된다면, 우리의 믿음도 흔들리게 되어 있습니다. 왜냐하면 믿음으로 시작한 일이기 때문입니다. 믿음으로 시작하여 이제까지 달려온 길인데, 어려움에 봉착했기 때문입니다. 과연 어떻게 이 문제를 해결할 수 있을까요? 성경에 기록되어 있는 모세의 부모 이야기를 보며 그 해결점을 찾아가려 합니다.

출애굽기 2장 1-10절을 보면, 하나님 나라를 준비하는 과정에서 이름이 드러나지 않는 한 부부의 이야기가 나옵니다. 2장에는 이름이 나오지 않지만, 출애굽기 6장 20절에서는, 이 부부의 이름이 아므람과 요게벳이라고 밝힙니다. 왜 이 부부의 이름을 나중에 밝힐까? 생각해보니, 굳이 출애굽기 2장에서, "레위 가족 중 한 사람이 가서 레위 여자에게 장가들어"라고만 기록하고 있는 것은, 아마도 그들의 이름보다도, 그들의 믿음에 초점을 맞추려고 했던 것 같습니다. 왜냐하면 이 부부의 믿음을 통해 하나님 나라의 역사가 시작되고 있기 때문입니다. 하나님 나라를 완성해 가는 일은 많은 사람의 힘이나 재력이 되는 것이 아닙니다. 오직 하나님의 신실하심을 믿고 거기에 모든 것을 맡기는 믿음으로 가능한 일입니다. 온전한 믿음이 있는 곳에는 언제나 하나님 나라의 역사가 일어납니다.

레위 부부의 믿음의 이야기는 그 가정에 아이가 태어나면서 시작됩니다. 아기가 태어난 것은 기쁜 일이고 축복된 일이지만, 마냥 기뻐할 수 있는 상황이 아니었습니다. 그 당시 이집트의 바로 왕은 히브리인들이 아들을 낳으면 죽이라고 명령했기 때문입니다. 아무리 왕의 명령이라고 할지라도 쉽게 아이를 포기할 수는 없는 일입니다. 그렇지만 언제까지 왕의 명령을 거역할 수만도 없습니다. 아이를 숨겨서 키우기에는 한계가 있기 때문입니다. 그러나 부부는 아이를 위해 믿음의 결단을 합니다. 이 세상의 통치자의 명령을 따르지 않고, 하늘의 통치자를 따르기로 결단한 것입니다. 이것이 믿음입니다. 이 세상의 통치자의 법을 맞설 수 있는 힘은 믿음에서 나옵니다. 믿음이란 하나님의 신실하심에 현실을 비추어 보는 것입니다. 아무리 현실에서는 불가능한 일이라도 믿음의 눈을 들어 하나님의 신실하심을 바라볼 수 있다면, 현실의 어려움과 맞설 수 있습니다.

믿음에는 위험이 따른다

레위 부부의 가정에 남자아이가 태어났습니다. 남자아이가 태어났으니 왕의 명령에 따라 죽여야만 합니다. 그런데 어머니가 태어난 아이를 보니, 그 아이가 잘 생김을 볼 수 있었습니다. '잘 생겼다'는 말은 히브리어로는 '토브(טוֹב)', '좋다'는 뜻입니다. 당연히 부모의 눈에는 아이가 잘 생겨 보이고, 좋아 보일 수밖에 없습니다. 그런데 모세의 출생에 대해 기록하고 있는 히브리서 11장 23절에서는, 모세가 태어났을 때 부모가 "아름다운 아이"임을 보았다고 기록하고 있습니다. "아름다운 아이"는 헬라어 원어로 "합당한 아이"라는 뜻을 가지고 있습니다. 그리고 또 다른 모세의 출생 기록인 사도행전 7장 20절에는 더 구체적인 표현이 나오는데, "하나님이 보시기에"라는 어구가 덧붙여져, 하나님이 보시기에 아름다운 아이였다고 설명하고 있습니다.

즉, 아들을 낳아 죽여야 하는 처지이지만, 하나님의 시각을 가지고 아이를 보니, 그들이 처해 있는 상황과 환경을 초월하여 생명을 향한 하나님의 마음이 전달되어 하나님이 그러하시듯이, 그 부모의 눈에도 아름다운 아이로 보였다는 것입니다. 자신의 아들이었지만, 하나님의 시각을 갖지 못하였더라면, 곧 죽을 수밖에 없는 불쌍한 아이로 보였을 것입니다. 그러나 하나님의 마음을 가지고 아이를 바라보니, 너무 아름다운 아이임을 볼 수 있게 된 것입니다. 조금 더 풀어서 설명하자면, '하나님께서 생명을 주실 때는, 당신의 계획을 가지고 이 땅에 보내셨다'고 믿는 믿음이 생겨났다는 것입니다.

모세가 태어났을 때, 이 세상의 법으로는 아이를 죽여야 했지만, 모세의 부모는 하나님께서 이 아이를 자신들에게 주신 것은 결코 죽이기 위한 것이 아니라고 생각한 것입니다. 이것이 그들의 믿음이었습니다. 아무리 부모의 마음과 정이 크다고 할지라도, 세상 법을 능가하는 기준과 힘이 없으면 그 법에 굴복될 수밖에 없습니다. 그런데 모세의 부모가 세상의 법에 굴복하지 않고 아이를 죽이지 않았던 것은 믿음 때문이었습니다. 하나님을 향한 믿음이 세상의 법을 능가할 수 있는 힘을 주었던 것입니다. 하나님을 향한 믿음이 있었기에 "아이를 죽이지 않아도 된다. 하나님은 이 아이를 향한 계획이 있으실 것이다. 생명의 주관자는 하나님이시다"라는 믿음의 결단을 할 수 있었던 것이지요. 모세의 부모는, 아이를 살려두면 자신들의 목숨까지 위험해질 수 있다는 것을 알았습니다. 그러나 믿음에는 위험이 따를 수 있습니다. 그들에게는 하나님께서 이 아이를 향한 계획이 있을 것이라는 순수한 믿음이 있었고, 그 믿음이 죽음을 무릅쓰고 모세와 함께 사는 길을 결단하게 한 것입니다.

하는 일마다 어려움이 생기고 장애물이 생겨 도저히 내 힘으로는 일어날 수 없다고 생각하시는 분이 계십니까? 왜 하나님은 내 앞길을 열어 주지 않으시는지 원망하는 분들이 계십니까? 더 이상 무엇인가 의지할 수 있는 것이 아무것도 없다는 현실만 바라보고 무너져가는 분들이 계십니까? 현실을 바라보면 무너질 수밖에 없고, 현실을 바라보면 쓰러질 수밖에 없는 상황이라고 할지라도, 생명의 주관자이신 하나님을 바라보고, 그 하나님이 계획을 가지고 나를 이 땅에 보내셨다고 하는 믿음이 내 안에 확신으로 자리 잡을 수 있다면 어떤 상황에서도 다시 일어날 수 있습니다.

모세의 부모는 믿음이 있었기에, 그 시대에 최고 강대국이었던 이집트 바로 왕의 명령에 맞서 싸워나갈 수 있었습니다. 이 정도 믿음이면 대단한 믿음이지 않습니까? 그러나 모세의 부모가 구사했던 믿음은 3개월이 지나자 또 다른 한계를 만나게 됩니다. 아이가 점점 자라 우는 소리가 커지자 더 이상 숨길 수 없게 되었던 것입니다. 모세의 부모가 가졌던 첫 번째 믿음도 대단한 믿음이었습니다. 한 번의 믿음을 구사하는 것도 엄청난 일이기 때문입니다. 그래서 모든 것이 순조롭게 해결될 수 있을 것 같았습니다. 그러나 또 다른 위기가 닥쳐왔습니다. 믿음으로 시작했지만, 시간이 지나자, 다시 어려운 상황을 만나게 된 것입니다. 오히려 더 위험하게 되었습니다. 믿음으로 살지 않으면 위기를 만나지 않을 수도 있습니다. 그러나 위기가 온다는 것은, 믿음이 살아 있다는 증거이기도 합니다. 상황은 더 어려워졌지만, 모세의 부모는 하나님을 원망하지도 않았고, 절망하지도 않았습니다. 생명의 주관자이신 하나님을 믿었기에 쉽게 포기하지 않을 수 있었습니다. 살아 있는 믿음은 그다음 단계를 실천할 수 있도록 이끌어 줍니다.

믿음에는 실천이 따른다

모세의 부모는 더 이상 자신들이 아이를 키울 수 없다는 것을 깨달았을 때, 두 번째 믿음을 실천합니다. 갈대 상자를 만들고 물이 새지 않도록 나무의 진과 역청을 바른 것입니다. 그리고 아이를 갈대 상자에 넣어 나일강 갈대숲 사이에 띄워 보냅니다. 사실 이 방법도 미래가 보장된 방법은 아닙니다. 누군가 갈대 상자를 발견한다는 보장도, 갈대 상자 안의 아이를 살려준다는 보장도 없지만, 믿음으로 실천하는 것입니다. 어느 누구도 갈대 상자 안의 아이가 어떻게 될지 예측할 수 없는 상황이었습니다. 그러나 모세의 부모는 자신들의 믿음을 실천으로 옮겼습니다. 모세의 부모는 파피루스를 엮어 갈대 상자를 만들고, 물이 새지 않도록 역청과 나무의 진을 골고루 발랐습니다. 성경은 단순하게 표현하고 있지만, 모세의 부모는 갈대 상자를 만들면서 얼마나 많이 울었을까요? 아이를 갈대 상자에 눕히면서 얼마나 마음이 아팠을까요? 미래를 예측할 수 없는 상황에서 아이와 마지막이 될 수 있을 시간을 보내며 얼마나 두려웠을까요? 그러나 '하나님이 살아 계시다면 이 아이를 그냥 죽도록 내버려 두시지 않을 거야'라는 믿음과 기대로 아이를 하나님 앞에 맡겨 드렸던 것입니다.

믿음은 "믿습니다"라는 입술의 고백으로 역사가 일어나지 않습니다. 믿음이 있다면 그 믿음을 바탕으로 실천할 때 역사가 일어납니다. 그 믿음을 바탕으로 실천해야 합니다. 그 믿음을 바탕으로 파피루스를 꺾어야 되고, 그 믿음을 바탕으로 역청과 진을 발라야 합니다. 그 믿음을 바탕으로 마지막일지도 모르지만, 아이를 갈대 상자에 눕혀 문을 닫아야 하는 것입니다. 그때 하나님이 역사하십니다. 출애굽기 2장에 나오는 모세의 부모는 살아있는 믿음이 무엇인가를 가르쳐 줍니다. 살아있는 믿음은 한 번 믿음을 실천하는 것으로 끝나지 않습니다. 믿음을 실천한 후에도 다시 어려움이 찾아올 수 있지만, 거기서 좌절되지 않고 믿음으로 시작한 일이기에 끝까지 자신들이 할 수 있는 모든 일에 최선을 다하여 믿음으로 반응합니다. 이것이 진정으로 살아 있는 믿음의 실천입니다.

　모세의 부모를 통해 발견할 수 있는 중요한 믿음의 원리는, 믿음에는 실천이 따라야 한다는 것입니다. 처음부터 끝까지 하나님께 맡기고 기도만 하는 것이 아니라, 믿음이 있기에 그 믿음을 실천하고, 믿음대로 살려고 노력하는 것입니다. 그때, 하나님이 역사하십니다. 모세의 부모는 철저하게 자신들이 할 수 있는 노력을 다하였습니다. 할 수 있는 모든 방법을 동원하여 문제를 풀어보고, 가장 어렵고 불안한 부분에 대해서는 하나님의 선하신 손길을 의지하며 맡겼습니다. 이것이 모세의 부모가 가지고 있는 믿음이며 신앙이었습니다. 신앙은 운명만 믿고 가만히 있는 것이 아닙니다. 자신이 할 수 있는 최선의 노력을 다하며 하나님의 개입하심을 믿는 것입니다. 사실 최선의 노력을 다하고 하나님의 역사를 기다린다는 것이, 말은 쉽지만, 그 과정은 결코 순탄하지만은 않습니다. 눈물의 기다림의 연속입니다. 믿음이 없이는 결코 기다릴 수 없는 것입니다. 그러나 그 믿음은 반드시 하나님의 개입을 보게 합니다. 믿음의 기다림은 하나님의 간섭하심을 보게 합니다.

믿음에 하나님이 개입하신다

하나님은 모세 부모의 믿음을 보셨습니다. 그 순수하고 온전한 믿음을 보신 것입니다. 하나님은 가장 결정적인 순간에 개입하셔서 중요한 일들이 이루어지게 하셨습니다. 하나님은 이집트 공주가 나일강에 나와 목욕을 할 수 있도록 해주셨습니다. 공주가 자주 나일강에 나와 목욕한다 하더라도 그날따라 나오지 않을 수 있습니다. 그런데 하나님은 그 시간에 맞춰 공주가 나일강에 나와 목욕하게 하셨고 갈대 상자를 발견하게 하셨습니다. 이것이 하나님의 역사입니다. 우리는 엄청난 일들만 기대할지 모르지만, 하나님은 작은 일에서부터 믿음이 어떻게 이루어지는지를 보게 하십니다.

공주가 갈대 상자를 발견하고 갈대 상자를 열었을 때, 히브리 아이가 울고 있었습니다. 사실 히브리 아이라는 것을 깨달았을 때, 바로 왕의 명령을 기억하고 아이를 죽일 수도 있었습니다. 그러나 하나님은 아이가 모성 본능을 자아내는 울음을 울게 하십니다. 그리고 공주의 마음에는 아이를 긍휼히 여기는 마음을 주셔서 아이를 키워야겠다고 생각하게 하셨습니다. 그때 모든 상황을 지켜보던 모세의 누이 미리암이 공주에게 다가가서 유모가 필요하지 않느냐고 묻게 하셨고, 그 이야기를 들은 공주의 마음이 열려서 유모를 데리고 올 수 있도록 하셨습니다. 미리암은 모세의 어머니가 유모로서 왕궁으로 들어갈 수 있도록 공주에게 소개하였습니다. 이 모든 것이 하나님의 인도하심입니다. 요게벳은 유모가 되어 모세를 신앙으로 교육할 수 있게 되었고, 삯까지 받을 수 있게 되었습니다. 어느 한 가지라도 하나님의 개입이 없었다면 어그러졌을 것입니다. 그러나 하나님은 모든 일들이 협력하여 선을 이루게 하셨습니다.

우리는 믿음으로 갈대 상자를 띄우기만 하면 하나님이 갑자기 초월적인 일을 행하실 것이라고 기대하곤 합니다. 그러나 하나님은 작은 일에서부터 하나하나 진행시켜 가십니다. 물론 하나님은 초월적인 방법으로도 일을 진행시켜 나가실 수 있는 분이시지만, 환경적인 요인들과 사람들의 선택을 사용하셔서 모든 것이 협력하여 하나님의 뜻이 이루어지게 하십니다. 하나님은 마치 우연처럼 보이는 일들이 연속적으로 일어나게 하셔서 모세가 왕국으로 들어갈 수 있도록 하셨습니다. 하나님이 개입하신 것이 아니라, 얼마든지 일어날 수 있는 일이 일어난 것처럼 보일 수 있습니다. 하나님이 하신 일이라는 것이 금방 드러날 수 있는 그런 초월적인 일들이 일어났다면, 믿음을 실천하는 일이 더 수월해질 것입니다. 그러나 기적은 그냥 기적으로 끝납니다. 하나님은 한번 놀라운 기적을 일으키셔서 하나님의 능력으로 이 아이가 살아났다는 간증을 하게 하려는 것이 목적이 아닙니다. 이 아이가 하나님이 필요한 사람으로 성장하고 자라나는 환경을 마련해 주시고, 지속적으로 하나님의 사람으로 자라날 수 있도록 장기적인 계획을 가지고 그 일들을 진행시켜 나가시는 분이십니다. 하나님의 계획은 한 사람을 하나님의 사람으로 만들어 가는 것에 있기 때문입니다.

  우리는 하나님의 능력을 한번 맛보면, 그다음에는 더 큰 능력을 바라고, 그리고 그 다음에는 그것보다 더 큰 능력을 바라게 됩니다. 이전보다 더 큰 능력이 나타나지 않으면, 이전의 것이 아무리 놀라운 능력이었다고 할지라도 시시하게 보이게 됩니다. 이것이 사람의 연약함입니다. 그렇게 되면 우리는 하나님의 사람으로 성장하기에 어렵게 됩니다. 하나님은 서서히 단계를 거치면서, 영적인 민감함을 가지고 일어나는 모든 일들이 하나님이 하신 일이라는 것을 깨달아가면서 성장하기를 원하시기 때문입니다. 모세라는 한 사람이 하나님의 사람으로 성장해 갈 수 있도록 모세의 부모가 만들어 놓은 기초는 눈물의 갈대 상자입니다. 내면에 있는 믿음이 외면으로 표현되어 만들어진 눈물의 갈대 상자를 통하여, 모세는 하나님의 섬세한 손길을 배워갔습니다. 하나님은 우리를 사랑하시기 때문에 한 번의 기적에 휩쓸려서 그것만을 바라보는 사람이 되지 않기 위해, 우리를 서서히 나듬어 가십니다. 한 단계씩 훈련시켜 나가기를 바라십니다.

믿음으로 만드는 눈물의 갈대 상자

　모세의 부모는 비록 힘들고 어려운 상황일지라도 믿음으로 하나님 앞에 나아갔습니다. 그때 하나님은 모든 것들이 협력하여 믿음의 결과를 만들어내도록 이끌어 주셨습니다. 모세 부모의 결단, 누나 미리암의 지혜와 사랑, 바로 공주의 결단, 그리고 나일강이라는 배경과 그 위에 띄운 갈대 상자까지, 이 모든 것이 협력하여 하나님의 선을 이룬 것입니다. 모세 부모의 첫 번째 믿음의 결단도 대단한 것이었습니다. 아이를 숨겨서 키워내는 것도 대단한 믿음이었습니다. 그러나 두 번째 믿음의 결단이 필요합니다. 이미 믿음으로 모세를 키우고 있었지만, 아이의 울음이 커지면서 또 다른 위기를 만나게 될 수 있습니다. 그때, 두 번째 믿음의 결단이 필요합니다. 믿음으로 갈대 상자를 만드는 결단이 필요합니다.

　하나님은 모든 것을 협력하여 선을 이루실 준비가 되어 있습니다. 바로 공주도 준비되어 있고, 아이가 자랄 왕궁도 준비되어 있으며, 보상의 삯도 준비되어 있습니다. 그렇기에 아이를 떠나보낼 믿음의 갈대 상자를 만드는 결단과 실천만 남아 있을 뿐입니다. 이제는 아이를 떠나보낼 갈대 상자를 만들어야 할 때입니다. 갈대 상자를 만드는 일은 눈물 나고 마음 아픈 일이지만, 그 눈물과 아픔이 하나님의 새로운 창조와 역사를 만들어 낼 것입니다. 이미 언급하였지만, 모세의 부모는 갈대 상자를 만들면서 많은 눈물을 흘렸을 것입니다. 파피루스 하나하나 엮을 때마다 눈물이 났을 것입니다. 역청과 나무의 진을 갈대 상자에 칠할 때마다 눈물을 흘렸을 것입니다. 믿음이 있어도 눈물은 납니다. 부모이기에 애틋함이 있고 사랑이 있기 때문입니다. 그러나 마냥 슬퍼만 우는 눈물이 아니라 결국 하나님에 대한 감사와 노래로 고백 되어질 눈물입니다.

그렇기에 협력하여 선을 이루시는 하나님을 바라보면서 믿음의 갈대 상자를 만들어야 합니다. 모세 부모는 파피루스를 꺾어서 갈대 상자를 만들었다면, 나는 무엇으로 갈대 상자를 만들어야 할까요? 내 믿음을 표현하기 위한 갈대 상자는 어떤 갈대 상자일까요? 그것은 믿음의 갈대 상자이기도 하지만, 눈물의 갈대 상자이기도 합니다. 믿음이 있다고 할지라도, 사람이기 때문에 눈물이 나고 마음이 무너질 것 같은 순간이 찾아오기 때문입니다. 그러나 그런 마음을 부둥켜 잡고 일어나 하나님 앞에 나아가 기도하며 갈대 상자를 만들어야 합니다.

신앙인들이 어려움에 처하게 되었을 때 할 수 있는 일은 두 가지 밖에 없는 것 같습니다. 하나님을 원망하거나, 하나님께 부르짖거나 하는 일입니다. 원망과 부르짖음의 차이는 믿음의 차이입니다. 믿음이 있으면 하나님 앞에 부르짖을 수 있고, 기도하며 내가 해야 할 일들을 최선을 다해 실천할 수 있습니다. 그때 하나님은 상황을 바꾸어 주십니다. 하지만 믿음으로 부르짖었다고 끝이 아닙니다. 믿음으로 부르짖었더니 보이지 않았던 것들이 보이고 무엇을 해야 할지를 알게 되는 것입니다. 그래서 그 일들을 보고 행하였을 때 하나님께서 역사하십니다. 이것이 하나님이 원하시는 믿음이고, 믿음이 있는 자와 믿음 없는 자의 차이입니다. 말은 쉽지만 실천하기는 어렵습니다. 울더라도 하나님 앞에 울어야 합니다. 울더라도 하나님 앞에 무릎 꿇어야 합니다. 그 눈물과 그 부르짖음을 하나님 앞에 올려드렸을 때, 하나님이 우리의 눈을 여시고 우리가 해야 할 바를 가르쳐 주십니다.

노아의 방주와 모세의 갈대 상자에 쓰인 히브리어 단어는 동일하게 "테바(הָבֵּת)"입니다. '테바'는 노와 방향키가 없는 배를 의미합니다. 모세의 갈대 상자와 노아의 방주는 동력이 없어 스스로 움직일 수 없습니다. 그렇기에 노아의 방주도 모세의 갈대 상자도 그냥 물 위에 띄워 놓기만 할 수 있는 것입니다. 왜 하나님은 그렇게 만들기 원하셨을까요? 동력은 하나님이시기 때문입니다. 하나님이 움직여 주시기 위함입니다. 내 스스로 갈대 상자를 움직여서 원하는 목적지까지 가는 것이 아닙니다. 갈대 상자를 물 위에 띄워 놓는 것까지가 믿음의 실천입니다. 그런데 그렇게 띄워 놓기만 하면 그다음에는 하나님이 이끌어 가십니다. 물살의 흐름도, 거친 파도도, 하나님이 책임지시는 것입니다. 대신 한 가지 꼭 해야 될 일이 있습니다. 노아도 그랬고, 모세 부모도 그랬듯이, 물이 새지 않도록 역청과 진으로 꼼꼼히 발라주는 것입니다.

신앙생활을 열심히 하는데도 왜 내 삶은 이렇게 힘이 드는 것일까요? 아들을 낳으면 죽여야 되는데 왜 아들을 주시는 것입니까? 믿음으로 나아갔는데, 겨우 석 달밖에 지켜주시지 않은 것입니까? 갈대 상자를 만들었지만 이제 아이하고는 헤어져야 하는 거잖아요? 순간순간 얼마든지 하나님을 원망할 수 있습니다. 그러나 믿음의 사람은 그 순간순간을 하나님께 올려드릴 수 있습니다. 그 원망을 하나님을 향한 눈물의 부르짖음으로 바꿀 수 있습니다. 순간순간 너무 힘들어서 눈물을 흘리지만, 그 눈물을 하나님을 향한 호소로, 하나님을 향한 부르짖음으로 바꿀 수 있습니다. 그때, 하나님이 우리의 눈물을 보시고, 우리의 부르짖음을 들으시고, 애굽의 공주를 준비해 주시는 것입니다.

하나님은 지금도 우리가 처해 있는 어려움 속에서 눈물로 갈대 상자를 만들며 하나님 앞에 울부짖기를 원하십니다. 그때 하나님은 그 소리를 들으시고 갈대 상자를 이끌고 바로 공주 앞으로 데려가실 것입니다. 원망하시겠습니까? 아니면 눈물로 하나님께 부르짖으시겠습니까? 눈물로 부르짖어 이 시대에 필요한 갈대 상자를 만들어내는 믿음의 사람들이 되기를 바랍니다. 하나님이 이끌어 가신다는 믿음만 가질 수 있다면, 언젠가 공주 앞에 서게 되고, 왕궁에 들어가서 하나님의 사람으로 준비되게 하실 것입니다.

10장
정체성의 혼란을 느끼는 자들에게

내가 누구이고 무엇을 해야 할 사람이라는 것을 정립하여, 그 정체성 아래서 목적을 향해 달려왔는데, 한 번의 사건이 내가 알고 있던 나의 정체성을 무너뜨렸을 때, 극심한 혼란에 빠질 수 있습니다. 내가 알고 있던 내 모습이, 사실은 나의 정체성이 아니었다는 것이 판명되었을 때 너무 혼란스러울 수 있을 것입니다. '이제는 어떻게 살아가야 하는가? 나는 누구인가? 왜 나는 그러한 정체성을 가지고 있었을까?' 여러 가지 질문을 나에게 던지며 그 답을 찾기 위해 노력할 것입니다. 그러다가, 다시 나의 정체성을 확인하거나, 새로운 정체성을 확립하면 다행이지만, 그렇지 않으면 폐인처럼 살다가 인생을 마감할 수 있습니다. 성경에 보면, 모세가 그러했습니다. 정체성을 가지고 애굽을 뛰쳐나왔는데, 아무도 그를 반겨주지 않았습니다. 그의 생각대로, 히브리인들을 구할 준비가 되지 않았던 것이지요. 자신의 편안한 삶을 포기하고 정체성대로 살아가고자 나온 결단인데, 그것이 잘못되었다는 판단이 서면, 얼마나 당황스럽겠습니까?

우리는 모세를 위대한 신앙의 선조, 지상에서 가장 온유했던 사람, 그리고 하나님의 백성을 애굽에서 인도해 낸 선지자, 등 여러 가지 호칭을 붙여가며 신앙의 거장으로 생각합니다. 맞습니다! 모세는 위대한 하나님의 사람이요, 하나님의 선지자입니다. 그러나 그렇게 위대한 모세도 불붙는 떨기나무 아래에서 하나님을 만나기 전까지는, 스스로 해결하지 못하는 큰 아픔을 가지고 있었습니다. 그것은 정체성에 관한 문제였습니다. 한 사람에게 정체성의 혼란이라는 문제는 결코 만만한 문제가 아닙니다. 한 사람의 인생을 좌지우지할 수 있는 문제이기 때문입니다. 정체성의 혼란을 느끼는 사람들은 번번이 열등감과 트라우마를 경험하고, 미래를 향해 확신을 가지고 나갈 수 있는 동력이 없습니다. 모세가 그러한 삶을 살았습니다. 모세를 위대한 하나님의 사람으로만 생각할 수 있지만, 모세에게도 정체성의 혼란이라는 큰 아픔이 있었던 것입니다.

정체성이란 자신이 누구이며, 어디로 나아가고 있고, 자신에게 맞는 공동체는 어디인가에 대한 인식이며, 또한 그 공동체에 어떻게 적응할 것인가에 대한 확고한 인식입니다. 에릭슨은 청년기에 정체성이 형성되고 발달한다고 이야기하는데, 청년기에는 자신에 대해 많은 갈등, 절망, 혼돈을 경험하면서 정체성의 위기를 경험하게 된다는 것입니다. 그렇기에 그 위기를 극복하면 확고한 정체성을 갖게 되고, 현실성 있고 높은 자아존중감과 강한 회복력을 지닐 수 있습니다. 그런데 모세는 어린 시절부터 정체성의 혼란을 겪어야 했습니다. 애굽의 왕궁에서 히브리인이라는 정체성을 가지고 살아야 했기 때문입니다. 그리고 청년기에는, 그 위기를 극복하지 못하고 미디안 광야로 쫓겨 가게 됩니다. 그런 모세가 위대한 지도자가 되어 이스라엘 백성들을 애굽에서부터 건져내어 하나님의 백성으로 살아갈 수 있도록 이끌어 갔습니다. 도대체 모세는 어떻게 정체성의 혼란이라는 위기를 극복할 수 있었을까요? 모세에게 확고한 정체성을 확립할 수 있도록 만들어 준 계기는 무엇이었을까요?

두 정체성의 충돌

모세는 히브리인들이 애굽에서 노예 생활을 하던 시기에 태어났습니다. 그 당시 애굽 땅에서 노예로 살았던 히브리인들 역시 정체성의 혼란을 경험하고 있었습니다. 대부분의 히브리인들은 아브라함의 후손으로 하나님을 믿고 섬기던 민족입니다. 요셉을 따라 애굽에 내려와서 큰 민족으로 성장하였지만, 애굽의 노예로 전락한 삶을 살고 있었습니다. 한때는 총리였던 요셉 때문에 어떠한 간섭도 받지 않고 잘 살 수 있었지만, 요셉을 알지 못하는 왕조가 세워지면서 압제를 받기 시작하였고, 고난 속에서 살아가기 시작한 것입니다. 비록 하나님을 믿고 섬기는 민족이지만, 400여 년 동안 애굽의 지배 아래에서 애굽의 문화와 세계관에 영향을 받고 살아왔습니다. 그렇기에 하나님 앞에 그들의 어려움을 호소하며 하나님을 찾기는 했지만, 애굽의 강력한 통치 아래에서 힘없이 살아야 하는 나약하고 불쌍한 노예들이 자신들이라고 생각한 것입니다. 이런 상황 속에서 히브리인들은 자신들이 어디에 속해 있으며, 어디서 왔고, 어떤 목적을 향하여 살아가야 하는지를 잊어버리고 살고 있었습니다. 바로 그러한 혼란의 시기에 태어난 인물이 모세였습니다. 그러므로 모세는 자신들의 정체성을 제대로 인식하지 못하였던 그 당시 히브리인들을 대표하는 인물이었습니다.

그렇지만 모세에게는 그가 누구인지, 그리고 어떻게 살아야 하는지에 대한 정체성을 가르쳐줄 수 있는 사람이 있었습니다. 그가 바로 친어머니 요게벳이었습니다. 비록 유모의 신분으로 애굽의 왕궁에서 만나야 했지만, 친어머니 요게벳은 모세가 히브리인이며 하나님의 선택받은 민족의 구성원이라는 사실과 하나님께서 언젠가는 이 어려움 속에서 자신들의 민족을 구원하실 것이라는 말을 들으며 자랄 수 있었습니다. 친어머니 요게벳 덕분에 모세는 히브리인으로서의 정체성 교육을 받고 자랄 수 있었습니다. 그런데 또 다른 한편에서 보자면, 모세는 이러한 친어머니 요게벳의 정체성 교육 때문에 더 혼란이 가중될 수 있었을 것입니다. 왜냐하면 모세에게는 또 다른 어머니가 있었기 때문입니다. 바로 애굽 바로 왕의 공주였습니다.

 태어난 지 3개월 만에 애굽의 왕국으로 들어간 모세는, 어려서부터 철저하게 애굽 왕실의 교육을 받으며 정통 애굽인으로 성장하게 되었습니다. 모세의 양어머니 바로 공주는, 모세에게 애굽의 정통성을 물려받게 하고, 더 나아가서는, 가능하다면 애국 왕실의 후계자가 되기를 바랄 수도 있었을 것입니다. 모세는 히브리인으로 태어나 애굽 왕실의 교육을 받으며 애굽인처럼 살아야 했던 것입니다. 두 어머니 밑에서 자라는 것만으로도 정체성의 혼란을 느꼈을 텐데, 너무 강력한 친어머니의 히브리 신앙 교육과 양어머니의 애굽 왕실 교육이 부딪히게 되었을 때, 모세는 얼마나 혼란스럽고 힘들었을까요?

 애굽의 바로 왕의 명령을 거역하면서까지 신앙으로 모세를 지켜낸 부모의 믿음이 얼마나 컸습니까? 평범하지 않은 믿음의 소유자였던 요게벳이었기에, 히브리 신앙의 세계관과 정체성을 훈련시킬 때 얼마나 강력한 신앙교육이 되었겠습니까? 그러나 다른 한편에서는, 애굽의 중앙이었던 왕궁에서 애굽 왕조를 이어받을 왕자로서 얼마나

정체성의 혼란을 느끼는 자들에게

강력하게 애굽의 세계관과 정체성을 교육을 받아야 했을까요? 히브리민족이라는 정체성과 애굽 왕족이라는 정체성 교육을 동시에 받으면서 자라난 모세는 자신의 정체성에 대해 고민이 많았을 것입니다. 어렸을 때부터 정체성의 혼란을 느끼며 평생을 정체성 문제로 고민할 수밖에 없었을 것입니다. 어려서부터 강력하게 태어난 사람이 없습니다. 모세는 40년 동안 광야에서 이스라엘 백성을 이끌어 간 위대한 신앙의 선지자였지만, 모세도 처음부터 위대한 하나님의 사람은 아니었습니다. 어린 시절부터 히브리 민족으로 살아갈 것인지, 아니면 애굽의 왕자로 살아갈 것인지를 고민하며, 정체성의 혼란으로 갈등을 시간들을 보내야만 했습니다.

가중되는 정체성의 혼동

모세는 어렸을 때부터 히브리인이라는 정체성과 애굽 왕족이라는 정체성 사이에서 혼란을 겪으며 자라야 했습니다. 그런데 모세에게 정체성의 혼란을 더욱 가중시키는 일이 있었습니다. 그것은 부모와의 깊은 애착 관계 형성에 어려움을 겪었다는 것입니다. 사람은 갓난아기일 때 부모와 깊은 애착 관계가 필요하다고 합니다. 사랑이 필요한 것입니다. 그런데 모세는 가장 강력한 애착 관계를 형성해야 하는 시기에 친부모와 함께 시간을 보낼 수 없었습니다. 친부모와 함께 오랜 시간을 보내며 사랑을 주고받았어야 했지만, 모세에게는 그럴 시간이 충분하지 않았던 것입니다. 물론 친어머니 요게벳이 유모가 되어 젖을 먹일 수 있었지만, 젖을 먹이는 시간 외에는 아들과 함께할 수 없었을 것입니다. 일반적으로 부모는 아침에 깰 때부터 잘 때까지 아이와 함께해 줍니다. 이것이 애착 관계의 가장 큰 핵심입니다. 늘 같이 있어 주는 것입니다. 그 시간 속에서 이 사람이 나를 보호해주는 사람이고, 이 사람만 있으면 내가 필요한 모든 것을 공급받을 수 있고, 이 사람만 있으면 편안하다는 것을 비록 갓난아이라도 느낄 수 있습니다. 그런데 그러한 애착 관계에서 자라야 할 모세는, 그 시간을 갖지 못하였습니다.

물론 양어머니의 사랑을 받을 수 있었겠지만, 직접 낳은 자식이 아니었기에, 그 사랑은 친부모가 줄 수 있는 사랑과는 달랐을 것입니다. 이렇게 본다면 모세는 불행한 어린 시절을 보냈다고 생각해 볼 수 있습니다. 왕국에 산다고 다 좋은 것이 아닙니다. 왕자로 사는 것이 다 좋은 것이 아닙니다. 내가 누구인지 정체성을 확립하지 못한 상태에서 혼란스러움만 가중된다면, 돈도, 지위도, 그 어떤 것도 쓸모없는 것이 될 수 있습니다. 모세가 공주의 아들로 자라게 되었다고 해서, 마냥 행복한 것은 아니었을 것입니다. 친부모와 애굽 왕실 간에 보이지 않는 정체성의 갈등, 이것을 또 다르게 표현하면, '영적 싸움'이라고 할 수 있을 것입니다. 모세는 정체성의 정립을 위한 싸움 때문에 힘들고 어려운 시간을 보냈을 것입니다.

이러한 모세의 정체성의 혼란에 불을 붙이는 큰 사건이 일어났습니다. 모세는 정체성의 혼란을 느끼면서도 친어머니의 교육 덕분에 히브리인이라는 정체성을 가질 수 있었습니다. 그래서 모세는 비록 애굽의 왕자였지만, 자기 동족 히브리인 편에 서려고 노력했던 것 같습니다. 그런데 히브리인의 편에 서려고 노력했던 모세를 히브리인들이 거부하는 사건이 발생한 것입니다. 어느 날, 모세가 왕궁 밖으로 나갔다가 애굽 사람이 히브리인을 치는 것을 보고 자기 형제 히브리인을 돕고자 애굽 사람을 죽이게 된 것입니다. 그러나 그다음 날, 두 히브리인끼리 싸우는 것을 목격한 모세가 싸움을 중재하려고 잘못한 히브리인을 나무랐을 때, 그는 "누가 너를 우리를 다스리는 자와 재판관으로 삼았느냐? 네가 애굽 사람을 죽인 것처럼 나도 죽이려느냐?" 하면서 모세를 거부하였습니다. 모세는 너무나 놀랐을 것입니다. 애굽 왕족이지만, 히브리인 편을 들어줬던 자신을 같은 히브리인 형제로 받아줄 것이라 확신했는데, 동족인 히브리인들마저 자신을 애굽 사람을 죽인 살인자로 보았기 때문입니다.

결국 이 사건으로 모세를 광야로 뛰쳐나갑니다. '나는 누구인가? 도대체 나는 누구로 살아야 한단 말인가?' 정체성에 관한 시각에서 모세를 바라보면, 모세가 왜 광야로 나가게 됐는지를 더 잘 이해하게 됩니다. 아무리 모세가 사람을 죽인 살인자라고 하지만, 왕자로서 살인 사건 하나 해결하지 못해서 미디안 광야로 쫓겨 갈 수밖에 없었던 것이 이해되지 않았기 때문입니다. '쫓기다'는 표현이 모세의 심정을 대변한 말인 것 같습니다. 왜 그렇게 쫓겨 나가듯이 왕궁을 뛰쳐나갈 수밖에 없었을까요? 출애굽기 2장 15절에는, "모세가 바로의 낯을 피하여 미디안 땅에 머물며"라고 기록하고 있습니다. 그런데 정체성이라는 시각에서 이 문장을 해석하니, 모세가 광야로 쫓겨난 이유가 충분히 이해되었습니다.

애굽 왕궁에서, 모세는 애굽 사람으로서의 정체성을 강요받았을 것입니다. 히브리인으로 태어나, 태어나자마자 죽었어야 할 모세가 하나님의 놀라운 은혜로 죽지 않고 살아서 애굽 왕궁에서 자라게 되었지만, 만약 히브리인이라는 정체성을 드러내려고 했다면, 그 즉시 죽음을 면치 못했을 것입니다. 애굽의 바로 왕은 히브리 민족이 커가는 것을 두려워하고 있었습니다. 언젠가 자신들을 쫓아내고 히브리인들이 주도권을 잡게 될지도 모른다고 생각했기 때문입니다. 그렇기에 모세가 애굽의 왕자로서 애굽인의 정체성을 가지고 살아가면 문제가 되지 않겠지만, 어머니의 신앙교육으로 물려받은 정체성을 져버릴 수 없었습니다. 그렇기에 마음속으로는 늘 동족 히브리인들을 걱정했을지 몰라도, 그것을 들키지 않으려고 무척 애를 썼을 것입니다.

그런데 자신이 애굽인이 아닌 히브리인으로서 애굽 사람을 죽이는 일이 일어났고, 그 사건으로 모세는 더 이상 애굽 왕족이 아닌 히브리인으로 자신의 정체성을 드러내게 된 것입니다. 한쪽을 택하게 된 것이지요. 그러므로 바로 왕이 이 사실을 알게 된다면 자신을 죽이려고 할 것이라고 생각했기에 바로의 낯을 피하여 광야로 도망갈 수밖에 없었습니다. 더군다나 그런 위험을 무릅쓰고 동족 히브리인을 도와주었는데, 히브리인들마저 자신을 살인자로 몰아붙이니, 더 이상 그곳에 머물 수 없었던 것입니다. 그 사건으로 모세에게 붙여진 또 하나의 정체성은 바로 살인자라고 하는 것입니다. 애굽 인도 아니고, 히브리인도 아닌, 살인자라는 정체성을 가지고는 그에서 살아낼 자신이 없었습니다. 아무리 정체성의 혼란이 있더라도, 어떻게 그 많은 부와 명예를 다 포기하고 광야로 뛰쳐나갈 수 있을까 생각할 수 있지만, 정체성의 혼란이라는 것이 사람을 그렇게 몰고 갈 수 있습니다. 아마도 그 혼란한 가운데서 모세가 신앙적인 정체성을 택하였고, 그 때 하나님께서 역사하실 것이라는 기대를 가졌을 수 있습니다. 그러나 왕궁을 뛰쳐나가 광야에 들어섰지만, 그를 반기는 것은 하나도 없었습니다.

광야에서 찾은 정체성

결국 모세는, 40년 동안 광야에서 양치는 목자로 살아가게 됩니다. 긴 시간 동안, 여전히 모세는 자신이 누구인지 답은 찾지 못하였지만, 그에게 변화가 하나 생겼습니다. 그것은 자신이 아무 힘도 없으며, 자신의 힘으로는 아무것도 이룰 수 없다는 것을 깨달은 것입니다. 또한 자신은 이 땅 어디에도 속하지 않은 나그네라는 사실을 깨닫게 되었습니다. 어떻게 이러한 사실을 깨들을 수 있었을까요? 광야는 아무도 없습니다. 그냥 양을 치면 됩니다. 신앙에 대해 강조했던 친어머니도, 돌아봐야 할 히브리 민족도 없습니다. 그리고 자신을 정통 애굽인으로 만들려고 했던 바로 왕의 공주, 양어머니도 없었습니다. 정통 애굽인처럼 살아야 하는데, 그렇게 살지 못하면 눈치가 보이고, 그런 모세를 감시하는 사람들도 없습니다. 그래서 모세는 어느 누구도 자신의 삶에 간섭하지 않는 광야에서, 정체성이 무엇이냐고 묻는 사람 하나 없는 광야에서, 그나마 편하게 삶을 보낼 수 있었습니다. 그러나 그렇게 광야에서 40년 동안 살면서 정체성에 관해서 묻는 사람도 없고, 감시하는 사람이 없었기 때문에 편하게는 살았는지 모르지만, 그가 깨달은 것은 자신은 아무것도 할 수 없는 자이고, 어떤 것도 이룰 수 없는 자이며, 그리고 어디에도 속하지 못한 철저한 나그네라고 하는 사실을 깊이 깨닫게 되었던 것입니다.

그러던 어느 날, 불이 꺼지지 않는 떨기나무 아래에서 하나님을 만났습니다. 하나님은 모세를 불러주셨습니다. 그러나 하나님은 모세가 가지고 있던 정체성에 대한 답을 주시기보다는 사명을 먼저 말씀해 주셨습니다. "너는 애굽으로 가라! 내 백성을 구하라!"라고 말씀하신 것입니다. 하나님은 모세가 어떤 문제를 가졌는지 정확하게 아셨지만, 그 문제에 대한 답을 주시기 전에 먼저 사명을 주신 것입니다. 그러자 자기 자신에 대해서 전혀 자신감이 없었던 모세는 지금까지 눌러왔던 자신의 문제를 하나님 앞에 표출합니다. "내가 누구 관대 바로에게 가며 이스라엘 자손을 애굽에서 인도하여 내겠습니까?" 성경은 글자로 쓰여 있기 때문에 그냥 감정 없이 읽을 수 있지만, 정체성의 혼란으로 광야까지 쫓겨 온 모세의 입장에서는 그동안 참아왔던 모든 감정을 쏟아 놓으며 되묻는 질문이었습니다.

모세가 정체성 혼란의 문제를 해결하지 못한 채, 광야로 들어와서 40년을 광야에서 보내면서도 여전히 답을 찾지 못한 그 문제를 잠시 잊어버렸을 수는 있지만, 해결된 것은 아니었습니다. 그러나 그 문제가 해결되지 않으면, 모세는 어떤 일도 할 수가 없습니다. 그렇기에 하나님께서 자신의 정체성에 확립을 주시기 전에, 사명을 먼저 말씀하셨을 때 모세는 따져 물을 수밖에 없었던 것입니다. "하나님, 나는 나 자신이 누구인지 몰라요. 그래서 자신감도 없어요. 그런데 이런 내가 애굽에 가서 어떻게 히브리 백성들을 구출할 수 있겠습니까?" 모세에게는 가장 중요한 문제는 정체성에 관한 것이었습니다. 그렇기에 이 질문을 정체성에 관한 입장에서 해석한다면, "나의 친어머니 요게벳이 젖을 먹일 때마다 나에게 말씀해 주셨던 히브리인의 신이 당신이라면 당신께 묻고 싶은 질문이 있습니다. 나는 누구입니까? 나는 히브리인입니까? 아니면 애굽인입니까? 나는 오랜 고민 끝에 히브리인으로 살려고 그들 편에 섰는데, 그들이 날 받아주지 않았습니다. 그래서 이 광야로 쫓겨났습니다. 그런데 왜 이제야 나타나서 히브리 민족을 구해오라고 하시는 것입니까? 나는 아무것도 할 수가 없는 자입니다." 이러한 의미가 이 질문 안에 포함되어 있을 것입니다.

이러한 모세의 질문에 대한 하나님의 답은, "내가 정녕 너와 함께 있으리라"라는 것이었습니다. 모세는 하나님의 답에 만족할 수 없었을 것입니다. 왜냐하면 그 답으로는 자신이 누구인지 분명히 알 수 없기 때문입니다. 그러나 우리가 알아야 될 것이 있습니다. 하나님이 모세에게 주신 답이 진정한 답이라는 사실을요. 하나님의 답에는 다음과 같은 의미가 있습니다. "너는 오직 나와 함께 있을 때만 네가 누구인지 알 수 있게 된다. 나는 너에게 정체성을 부여하는 창조주이고, 그렇게 너는 나와의 관계 안에서만 네가 누구인지 너의 존재를 알아갈 수 있다." 누구나 다 자신의 정체성에 대해 고민하는 순간들이 있을 것입니다. 그렇지만 진정으로 자신이 누구인지 확실하게 대답할 수 있는 사람이 몇 명이나 될까요? 혹시 자신이 누구인지 알고 있다고 생각하는 사람이라도 그 답이 확실하다는 사실을 어떻게 알 수 있을까요? 나의 진정한 정체성은 나를 창조하신 창조주, 하나님을 만나고 그분과 함께할 때만 알아갈 수 있습니다. 하나님과의 관계 속에서만 "나!"라는 존재의 의미를 깨달을 수 있게 되는 것입니다.

사명으로 확인되는 정체성

하나님과의 관계 속에서 자신의 정체성을 찾을 수 있다는 대답을 들은 모세는 하나님께도 동일한 질문을 던집니다. 오랜 기간 정체성의 혼란을 겪었던 모세이기에 모세는 하나님의 정체성에 대해서도 질문을 한 것입니다. "그렇다면 당신은 누구입니까?" 성경에서는 이름 자체에 그 존재의 정체성을 담고 있습니다. 히브리인에게 이름은 그 사람의 정체성을 나타내는 것입니다. 그렇기에 모세가 "하나님, 당신의 이름이 무엇입니까?" 질문했다는 것은 "하나님, 당신 누구입니까?"라는 묻는 것과 같은 말입니다. 그러자 하나님은 "나는 스스로 있는 자다!"라고 말씀하십니다. 하나님의 대답은 이렇게 해석될 수 있습니다. "나는 생명에게 정체성을 주는 존재이며, 스스로 정체성을 가질 수 있는 유일한 존재이다." 그리고는 하나님은 모세가 하나님과의 관계 속에서 어떻게 정체성을 찾아가고 깨달을 수 있는지를 가르쳐 주셨습니다. 하나님은 자신을 아브라함의 하나님, 이삭의 하나님, 야곱의 하나님이라고 소개해 주신 것입니다. 하나님과 아브라함과의 관계, 하나님과 이삭과의 관계, 그리고 하나님과 야곱과의 관계를 살펴보면서, 그들이 가졌던 하나님 안에서의 정체성을 돌이켜 보면 모세 자신의 정체성도 알아갈 수 있다는 것을 가르쳐주신 것입니다. 하나님은 이 세상에 무관심한 신이 아닙니다. 이 세상에 찾아오셔서 선조들을 만나주시고 선조들과 언약을 맺어 주셨던 하나님입니다. 그리고 그 언약을 친히 이루어가시면서 그들과 함께해 주셨던 하나님입니다. 선조들이 어떻게 살아야 하는지를 가르쳐 주시면서 그렇게 살 수 있도록 인도해 주셨던 분이 하나님이십니다. 그 하나님과 선조들과의 관계를 돌이켜 보면 하나님이 어떤 분이신지, 그리고 내가 누구인지, 내가 어떻게 살아가야 하는지를 알 수 있게 된다는 사실을 가르쳐 주고 계신 것입니다.

하나님은 모세의 아픔을 알고 계셨습니다. 지금 당장 모든 의미를 다 깨달을 수는 없겠지만, 진정한 답을 주시며 모세를 치유해가고 계십니다. 그런데 모세만 아팠을까요? 하나님에게도 아픔이 있었습니다. 모세는 정체성의 혼란을 겪은 사람이었는데, 동일하게 정체성의 문제로 힘겹게 살아가는 사람들이 있었습니다. 삶이 힘들고 어려울 때마다 정체성의 혼란으로 '이렇게 사는 게 맞나? 내가 어떤 존재인가? 나는 어떻게 살아가야 할까?'라며 고민하는 히브리 민족들이 있었던 것입니다. 히브리 민족은 자신들이 하나님의 선택받은 민족이라는 정체성이 무너져 있었기에, 애굽의 노예로 살면서 힘들고 어려운 마음을 하나님 앞에 호소하고 부르짖었던 것입니다. 그리고 하나님은 그 목소리를 들으신 것입니다. 하나님은 "내가 애굽에 있는 내 백성의 고통을 분명히 보고, 그들이 그들의 감독자로 말미암아 부르짖음을 듣고, 그 근심을 알고"라고 말씀하십니다. 하나님은 히브리인들의 고통을 보고, 부르짖음을 듣고, 근심을 알고 계시다고 말씀하시면서 히브리인들을 "내 백성"이라고 말씀해 주시는 것입니다.

하나님은 그들의 조상인 아브라함과 이삭과 야곱을 부르시고 인도해 가셨는데, 그 자손인 히브리 민족은 자신의 현실에 매몰되어 하나님을 멀리하고 살아가다 정체성이 희미해진 것입니다. 정체성이 무너지니 더욱 삶에 지칠 수밖에 없어 아파하며 울부짖게 된 것입니다. 그런 당신의 백성들 때문에 하나님도 아파하고 계셨습니다. 이제 모세는 하나님을 만남으로 정체성을 회복할 수 있는 출발점에 서 있습니다. 하나님은 그런 모세를 통해 정체성의 혼란 가운데 고통받고 있는 당신의 백성들을 구원하시고자 모세를 세워가고 있는 것입니다. 하나님은 모세의 아픔을 치유하시며 당신의 아픔을 가르쳐 주셨습니다. 그리고 하나님의 아픔을 치유할 수 있는 자로 모세를 세우시고 하나님을 대신해서 히브리인들을 구원하는 일을 맡기고 계신 것입니다.

누구나 살아가면서 한 번쯤은 정체성의 혼란 속에 어려움을 겪을 때가 있지 않습니까? "어떤 것이 맞을까? 나는 어떻게 살아가야 하지? 나라고 하는 존재의 의미는 뭘까?" 또는 신앙인들 가운데서도 이런 정체성의 혼란 속에 있는 분들이 있을지 모릅니다. "하나님, 그렇게 울면서 기도했는데요. 하나님, 그렇게 하나님 앞에 부르짖었는데요. 왜 나는 맨날 실패하고 좌절하고 이렇게 살아야 하나요? 하나님, 정말 내가 하나님의 자녀가 맞습니까? 하나님이 도와주시는 거 맞습니까? 자꾸 혼란스럽습니다." 하나님은 그분들을 만나기 원하십니다. 떨기나무 가운데서 모세를 만나주신 하나님은 오늘도 정체성의 혼란으로 어려움을 겪고 있는 자들을 만나기를 원하십니다. "너라고 하는 존재는 나를 만나야 의미를 가질 수 있다. 너라고 하는 존재의 정체성은 창조주인 나를 만날 때에야, 그리고 나와 함께할 때야 비로소 네가 누구인지 알게 되는 것이다. 그런데 단지 알게 되는 것뿐만이 아니라, 어떻게 살아갈 수 있는지 동력도 나를 통해 부여받을 수 있다." 하나님은 이렇게 말씀하고 계십니다.

우리에게는 족보가 있습니다. 그것은 육신적인 족보입니다. 그 족보가 나라는 존재를 다 설명해 줄 수 없습니다. 또는 한국인이라고 하는 민족의식이 나를 다 설명할 수 없습니다. 나는 나를 만드신 하나님을 만날 때에야 비로소 내가 누구인지 알 수 있습니다. 하나님께 자신의 정체성을 물으며 나아갈 때, 하나님께서는 찾아오셔서 나의 정체성을 가르쳐 주실 것입니다. 그런데 그 축복을 경험한 사람은 하나님의 아픔을 알며 하나님의 아픔을 오히려 치유할 수 있는 도구로 사용될 수 있습니다. 하나님이 모세를 그렇게 사용하셨습니다. 미디안 광야에서 모세를 만나주셨던 하나님이, 나를 만나 주시고 나의 정체성을 확립시켜주실 것입니다. 그리고 그 정체성대로 살아갈 수 있도록 힘을 주시고 사명을 주실 것입니다.

11장
영적인 리더십을 계승해야 할 필요가 있는 자에게

    우리가 신앙생활을 하고 예수 그리스도의 온전한 제자가 되기 위하여 노력하는 가운데 꼭 닮고 싶은 스승을 만날 때가 있습니다. 그래서 그분을 따라다니며 많은 가르침도 받고, 많은 교재의 시간도 가지게 됩니다. 그런데 자신이 스승을 닮아가기에 부족하다고 느껴질 때가 있습니다. 그럴 때 어떻게 해야 되는지 고민이 되지요. 사람마다 은사가 다르고, 능력도 다르기에 스승과 다르게 부족함을 느끼는 것이라고 생각하기도 하지만, 그것은 충분한 대답이 되지 못합니다. 스승을 꼭 닮고 싶고 온전한 하나님의 사람이 되고 싶은데 어떻게 하면 좋을지 깊은 고민을 하게 됩니다. 그러다가 그 방법을 찾지 못하고 스승의 사역을 계승하지 못하고 포기하는 경우가 종종 발생하는 것입니다. 그런데 성경에 이와 같은 고민에 해답을 줄 수 있는 인물이 등장합니다. 바로 엘리야와 엘리사입니다.

엘리사는 엘리야가 하늘로 올라가기 전까지 엘리야를 붙좇고 있었습니다. 엘리야는 그런 엘리사에게 더 이상 따라오지 말라고 여러 번 만류합니다. 그러나 엘리사는 포기하지 않고 엘리야를 끝까지 따라갑니다. 엘리사가 왜 이렇게 엘리야를 끝까지 따라다니는지 다른 사람들은 잘 모릅니다. 그러나 엘리사는 너무나 큰 위기감을 느끼고 있습니다. 이스라엘의 영적 거장인 엘리야가 떠나갈 시간이 가까이 왔기 때문입니다. 그래서 엘리사는 한순간도 엘리야를 떠날 수 없습니다. 영적 스승이 이 세상을 떠나는 그 순간에 엘리사는 꼭 해야 될 일이 있었기 때문입니다. 그래서 엘리사는 엘리야를 끝까지 붙좇는 것입니다.

엘리야는 끝까지 자신을 따라오는 엘리사에게 "네가 원하는 것이 무엇이냐?"라고 묻습니다. 그때 엘리사는, 스승 엘리야보다 갑절로 뛰어난 능력 받기를 원한다고 말했습니다. 어떻게 보면 엘리사의 욕심처럼 보입니다. 스승보다 갑절의 능력을 받기를 원해서 엘리야를 떠나지 않고 끝까지 따라다니는 것처럼 보이기 때문입니다. 어떻게 보면, 젊은 후계자 엘리사의 당돌함으로 보일 수도 있습니다. 그러나 또 한편으로는 그만큼 간절해 보이기도 합니다. 엘리야가 회오리바람을 타고 승천할 때, 끝까지 그 모습을 지켜보았던 엘리사는 하늘에서 떨어진 엘리야의 겉옷을 취하게 됩니다. 그리고 그가 구한 것에 응답을 받습니다. 그런데 왜 엘리사는 스승 엘리야보다 갑절의 능력을 얻기를 원했을까요? 엘리사는 자기 스승인 엘리야보다 더 뛰어나기를 원하는 사람이었을까요? 엘리사는 영적인 욕심이 많았던 사람이었을까요?

갑절의 영감을 구하는 이유

엘리사가 갑절의 영감을 구한 이유를 이해하기 위해서는, 이스라엘의 장자권에 대해 먼저 알아야 합니다. 신명기 21장 17절에 보면 "자기 소유에서 그에게 두 몫을 줄 것이니 장자의 권리가 그에게 있음이라"라고 기록하고 있습니다. 이스라엘의 율법적인 전통은 아버지가 자녀들에게 기업을 물려줄 때, 장자는 갑절을 받을 수 있었습니다. 다른 자녀들과 비교하여 두 배가 되는 몫을 받을 수 있는 것입니다. 그렇다면 엘리사가 엘리야에게 갑절의 영감을 받기 원한 것은, 스승 엘리야보다 더 큰 능력을 받으려는 욕심이 아닙니다. 엘리야가 이스라엘의 영적인 장자 역할을 하며 지금까지 지내왔지만, 엘리야가 하늘로 올라간다면, 이제 자신이 그 역할을 계승해야 합니다. 엘리사는 하나님께서 엘리야의 뒤를 이을 후계자로 세우신 사람이기 때문입니다(왕상 19:16). 그렇기에 엘리사가 구한 갑절의 능력은 엘리야가 가지고 있는 능력보다 더 많은 두 배의 능력을 구한 것이 아니라, 다른 제자들보다 두 배로 더 많은 능력을 받기 원한다는 의미로 해석해야 할 것 같습니다. 갑절의 능력을 받아 진정한 엘리야의 후계자로서 엘리야의 영적인 장자로서 그 역할을 감당하기 원했던 것입니다. 이스라엘의 율법적인 전통을 따라 엘리야가 가지고 있는 영적인 능력에서 장자에게 두 몫을 주는 것이지, 엘리야가 가지고 있던 것보다 많은 것을 가지겠다는 욕심이 아니었던 것입니다.

또 다른 이유가 있습니다. 엘리사는 엘리야를 쫓아다니면서 보았던 것이 있습니다. 북이스라엘은 아합 왕 시대에 하나님에 대한 신앙이 무너지고 바알 신앙이 퍼져나가면서 온 나라가 이방 신을 믿고 섬기는 나라로 변해가고 있었습니다. 그런 상황에서 여호와 신앙의 전통성을 유지하며, 북이스라엘을 영적으로 깨우는 엘리야의 사역이 얼마나 귀한 것인지를 엘리사는 잘 알고 있었습니다. 그 사역을 위해 얼마나 애써야 하며, 그 사역을 위해 얼마나 치열하게 하나님 앞에 매달려야 되는지 엘리사는 옆에서 지켜보았습니다. 그런데 엘리야는 능력의 종이니 하나님이 그를 그렇게 사용하실 수 있었지만, 엘리사 자신은 엘리야보다 너무 부족하기 때문에 그 일을 감당할 수 없다고 느꼈을 수 있습니다. 엘리야는 위대한 선지자이기에 그 어려운 사역을 감당해 왔고 이끌어 올 수 있었지만, 엘리사 자신은 엘리야보다 연약한 자이기에, 엘리야가 자신을 영적인 장자로 생각하면다면 갑절의 능력을 나눠주어 부족하더라도 그 일을 계승할 수 있도록 해야 한다고 생각한 것이지요. 실제로 엘리사가 엘리야를 계속 따라다녔을 때 많은 선지자 제자들이 엘리야가 하나님께 올라가야 할 때를 직감하고 엘리사가 엘리야와 떨어져야 한다고 조언하기도 하였습니다. 엘리사는 그 많은 선지자 제자들 가운데 자신이 엘리야의 장자로 분명히 인식될 수 있는 몫을 요구한 것이고, 또 한편으로는 엘리야가 나눠 줄 수 있는 영적 자산 가운데 자신이 두 몫을 받아야 그나마 엘리야가 사역해왔던 일들을 계승하여 사역할 수 있다고 생각한 것 같습니다. "나는 엘리야보다 연약한 자입니다. 내가 나를 잘 아는데, 엘리야보다 절대로 부족한 자입니다. 그러니 내가 엘리야로부터 받을 수 있는 두 몫, 즉 갑절의 능력을 주시지 않으면 엘리야의 뒤를 이어 영적인 전투를 싸우고 북이스라엘을 하나님 나라로 만들어 가는 일을 감당할 수 없습니다."라는 마음이 있었던 것 같습니다. 그렇기에 엘리사는 엘리야를 끝까지 따라다니며 붙좇았던 것입니다.

이제 엘리야는 하늘로 올라갈 시간이 다 되었습니다. 그런데 엘리야가 그냥 하늘로 올라가 버리면 엘리야와 엘리사 사이에 온전한 영적인 계승이 일어나지 않습니다. 그래서 엘리사가 지금 바짝 긴장하고 붙좇고 있는 것이지요. 열왕기하 2장 1절부터 14절까지를 보면,

엘리야는 하나님께서 자신을 이 땅에서 데리고 가실 것을 알고 있었습니다. 그런데 그 사실을 아는 사람은 엘리야 혼자가 아니었습니다. 엘리사도 알고 있었고, 엘리야가 하나님의 사람들을 양성하기 위해 세운 선지자 학교의 생도들도 알고 있었습니다. 엘리야가 세운 선지자 학교가 그만큼 영성이 있었고, 그곳에서 훈련받는 선지자 생도들도 그만큼 영성 있는 사람들이었던 것입니다. 남유다는 솔로몬이 세운 성전이 있었기 때문에 형식적이나마 신앙이 보존되고 있었습니다. 그런데 북이스라엘은 르호보암이 벧엘에 신전을 만들어놓고 금송아지를 섬기게 하여 여호와 신앙이 금송아지 신앙으로 바뀌게 되었습니다. 그런데 아합이 왕이 되면서 바알 신마저 섬기게 만들어 나라 전체가 우상을 섬기게 된 것입니다. 북이스라엘 전체가 하나님을 섬기던 신앙에서 금송아지를 섬기고 바알을 섬기는 신앙으로 바뀌어 버린 것입니다. 이런 북이스라엘에서 활동했던 선지자가 바로 엘리야입니다. 우상의 나라에서 혼자 하나님을 섬기는 일을 감당하기 벅찼던 엘리야는 선지자들을 양성하는 학교를 세운 것입니다. 그런데 엘리야가 하나님께로 올라갈 때쯤에는, 이 선지자 학교의 생도들이 엘리야가 하나님 나라로 올라갈 것을 알 정도로 영성이 깊어져 있었습니다.

　엘리야가 하늘로 올라간다는 사실을 선지자 학교의 생도들인 다른 제자들과 엘리사 모두 알고 있었지만, 엘리사만이 극심한 위기감을 느끼며 엘리야를 붙좇습니다. 영적인 사역의 계승 때문입니다. 엘리사는 하나님께서 엘리야를 데리고 간 후에, 위대한 영적 스승이 떠나간 후에, 북이스라엘의 영적인 상황을 걱정하고 그 일을 어떻게 감당해야 할지를 고민했습니다. 그래서 엘리사는 엘리야를 붙좇았습니다. 이러한 엘리사의 행동을, 단순히 갑절의 능력을 받기 위한 일이었다고 해석하는 것은 성경 전체적인 맥락에서 볼 때 너무 단순한 해석이라고 할 수 있을 것입니다. 영적인 욕심 때문에 갑절의 능력을 받기 위해 엘리야를 붙잡았던 것이 아니었습니다. 아무도 모르는 엘리사만의 위기감과 아픔이 있었습니다. 엘리야가 하늘로 올라가면 더 이상 엘리야를 볼 수 없다는 인간적인 이유 때문에 마지막으로 스승과 함께 시간을 보내며 스승의 모습을 마음에 담기 위해 엘리야를 꼭 붙잡고 떠나지 않았던 것이 아니었습니다. 엘리사 마음에 너무나 중요하게 자리 잡은 한 가지 일이 있었습니다. 엘리야는 그냥 일반적인 선지자가 아니었습니다. 엘리야는 이스라엘을 지키는 '병거와 마병'이었습니다. 다른 선지자 생도들은 엘리야가 위대한 선지자이고 위대한 영적인 스승이라고 생각하고는 있었지만, 엘리사는 그것을 넘어, 엘리야가 이스라엘을 지키는 '병거와 마병'이라는 사실을 알고 있었습니다. 그래서 어떠하더라도 그 사역을 계승해야만 했던 것입니다.

영적인 스승과 마지막 순례

엘리야는 세상을 떠나기 전에 마지막으로 꼭 들려야 할 의미 있는 장소들을 방문하기로 합니다. 그곳이 바로 벧엘과 여리고에 있던 선지자 학교였습니다. 하늘로 올라가기 전에 북이스라엘을 하나님 앞에 맡기며, 이 나라의 운명이 선지자 생도에게 달려 있다는 사실을 다시 한번 인지시키고자 했던 것 같습니다. 또한 선지자 생도들이 그 일을 감당할 수 있도록 기도해 주기를 원했을 것이고, 축복해주기를 원했을 것입니다. 엘리야는 바로 그런 시간을 갖기 위해서 자기 혼자만의 시간이 필요했을 수도 있습니다. 그래서 엘리사에게 얘기합니다. "엘리사, 나는 이제 하나님이 부르셔서 벧엘로 가야 하는데 너는 따라오지 않았으면 좋겠다." 그러나 엘리사는 엘리야에게 "내가 하나님의 이름으로 맹세를 하는데 내가 절대로 당신을 떠나지 않겠습니다."라고 대답합니다. 엘리사는 엘리야가 하늘로 올라가고 나면 엘리야가 감당했던 이스라엘의 병거와 마병의 사명을 감당해야 합니다. 그런데 자신이 너무 부족하다는 사실을 잘 알고 있기에 위기감을 가지고 두려운 마음을 가지고 엘리야를 붙좇고 있는 것입니다. 그 대답을 들은 엘리야는 엘리사를 데리고 벧엘로 갑니다.

벧엘의 선지자 학교 생도들도 하나님께서 엘리아를 데리고 가실 것을 알고 있었습니다. 그래서 엘리사에게 "하나님이 지금 스승 엘리야를 데려가려고 하시는 것을 당신도 아십니까?"라고 물었습니다. 그러자 엘리사는 "나도 안다. 너희는 잠잠하라."라고 대답합니다. 생도들이 엘리사에게 전한 말의 의미는 "하나님께서 엘리야를 데려가시려고 하는데, 그래서 그가 이 땅을 떠나기 전에 이 땅의 마지막 영적인 보루라고 할 수 있는 선지자 학교를 방문해서 축복하고 나름의 혼자의 시간을 갖기로 하는데 왜 눈치도 없이 스승을 따라다니는 것입니까? 스승에게 혼자만의 시간을 좀 드리십시오."라는 것이었습니다. 엘리사가 생도들의 마음을 모르는 것이 아니었습니다. 그리고 엘리야의 마음도 모르는 것이 아니었습니다. 그러나 그것보다 더 중요한 것은, 엘리야가 하늘로 올라가는 것은 단지 영적 지도자 한 사람이 사라지는 일이 아니라, 이 땅을 이제까지 지켜왔던 병거와 마병이 사라지는 일이라는 것입니다. 그 일을 제대로 계승하지 않으면, 이 땅이 무너질 수밖에 없다는 사실을 누구보다도 잘 알고 있는 사람이 엘리사였던 것입니다. 그렇기에 엘리야를 끝까지 쫓아가지 않으면 안 된다고 생각한 것이 엘리사의 결단이었습니다.

그래서 엘리사는 벧엘 있는 선지자 후보생들에게 "잠잠하라."고 이야기 합니다. 벧엘의 선지자 학교를 다 둘러본 엘리야가 또 다시 엘리사에게 이야기 합니다. "이제는 하나님께서 여리고로 가라 하시니 내가 여리고로 가야 되겠다. 너는 따라오지 말아라." 그러나 그때도 동일하게 엘리사는 이야기합니다. "내가 하나님 앞에 맹세하노니 결단코 하나님과 당신을 떠나지 않겠습니다." 그리고 여리고에 세운 선지자 학교에 도착하니, 그곳에 있는 선지자 생도들도 하나님의 영감을 받았던 것 같습니다. 벧엘의 선지자 학교 생도들과 동일한 이야기를 엘리사에게 합니다. "하나님께서 엘리야를 하늘로 데려가려고 한다는 사실을 알고 계십니까?" 그러자 엘리사가 대답합니다. "나도 안다. 너희는 잠잠하라." 동일한 이야기가 반복되고 있는 것입니다. 선지자 학교 생도들도 하나님으로부터 영감을 받았지만, 그래서 그 일을 깨달아 알고 있지만, 그것도 위대한 영적인 예민함이며 하나님의 사람으로 세워져 가는 과정에서 일어날 수 있는 일들이지만, 그들은 거기까지였습니다. 그다음을 예측하지 못합니다. 그 다음이 무엇입니까? 스승이 떠날 것이기 때문에 예우를 갖춰야 하는 것이 아닙니다. 그것이 중요한 것이 아닙니다. 엘리야가 그냥 올라가 버리면, 북이스라엘의 병거와 마병이 사라지는 것입니다. 선지자 생도들은 엘리야를 이스라엘의 병거와 마병으로 보지 못합니다. 그러므로 이스라엘의 병거와 마병이 사라지는 일에 준비해야 하는데, 선지자 학교 생도들이 그 부분을 사려 깊게 생각하지 못한 것입니다. 그러나 그 일을 준비했던 사람이 바로 엘리사였습니다. 그래서 엘리사는 여리고까지 엘리야를 쫓아갔던 것입니다.

끝까지 스승을 붙좇는 영성으로

이제 엘리야는 요단으로 가야된다고 말합니다. 그리고 이전과 동일하게 엘리사에게 따라오지 말라고 이야기합니다. 그러나 엘리사는 포기하지 않습니다. 끝까지 따라가겠다고 대답한 것입니다. "저는 끝까지 당신과 하나님을 떠나는 일을 하지 않겠습니다." 엘리사는 끝까지 엘리야를 따라가면서도 자신의 속마음을 드러내지 않았습니다. 무조건 스승만 따라다녔던 것입니다. 엘리야와 엘리사는 요단강을 건너야 했습니다. 그때 엘리야가 겉옷으로 요단 강물을 치자 그의 선조들이 경험했던 것과 같은 기적이 일어났습니다. 요단강 물이 갈라지는 일이 재현된 것입니다. 그리고 그 갈라진 요단강을 엘리야와 엘리사가 함께 지나가게 되었습니다. 엘리야는 이제 곧 하늘로 올라가야 되는데 엘리사가 요단강을 건너기까지 쫓아오는 모습을 보고 드디어 입을 열어 엘리사에게 묻습니다. "나를 네게서 데려감을 당하기 전에 내가 네게 어떻게 할지를 구하라." 엘리야는 엘리사가 간절히 원하는 한 가지를 들어주고 싶었습니다. 그래서 그것이 무엇인지를 물었던 것입니다. 엘리사는 엘리야가 이런 질문을 할 것이라고 예측할 수 있었겠지만, 예측한 질문이 나와도 대답하기가 쉽지는 않았을 것입니다. 만약 하나님께서 내 기도를 한 가지 들어주신다고 한다면 무엇을 구할 수 있을까요? 수많은 기도 제목 중에서 중요한 한 가지를 선택하기가 쉬운 일은 아닙니다. 일천 번의 제사를 드린 솔로몬에게 하나님께서 나타나셔서 솔로몬이 구하는 것을 들어주신다고 하셨을 때, 솔로몬은 나라를 다스릴 지혜를 구합니다. 그 기도가 하나님 마음에 합당했기 때문에 하나님께서는 솔로몬이 구하는 지혜뿐만 아니라 부귀와 장수도 주셨습니다.

가장 중요한 것이 무엇인지 정리가 되지 않으면 그 중요한 한 가지를 구하기가 힘든 것입니다. 엘리사는 이미 마음에 준비한 것이 있었던 것 같습니다. 왜 끝까지 스승을 붙좇았는지 이유가 있었기 때문입니다. 그렇기에 엘리야에게 질문을 받았을 때 바로 대답할 수 있었습니다. 그 대답은 엘리야가 나눠줄 수 있는 영적인 자산 가운데 갑절의 능력 받기를 원하는 것이었습니다. 왜 갑절의 능력을 받아야만 하는지 엘리사는 이미 마음에 정리를 하고 있었습니다. 그러자 엘리야가 대답합니다. "그것은 내 마음대로 너에게 해 줄 수 있는 것이 아니다. 나를 하늘로 데려가시는 것을 끝까지 네 눈으로 본다면 네가 원하는 것을 얻게 될 것이다. 그러나 보지 못한다면 얻지 못할 것이다." 그래서 엘리사는 엘리야가 하늘로 올라가는 것을 끝까지 지켜보는 목격자가 되었습니다. 그런데 하늘로 올라가는 엘리야를 바라보면서 엘리사의 마음이 많이 아팠던 것 같습니다. 사역의 계승을 위하여 갑절의 능력을 구했지만, 북이스라엘을 지켜왔던 영적인 스승을 떠나보내는 심정이 너무 아팠을 것입니다. 엘리야라는 영적인 거장의 영향력 때문에, 우상을 섬기는 나라로 타락했던 북이스라엘이 그나마 여호와 신앙의 정체성을 찾고 지킬 수 있었기 때문입니다. 북이스라엘을 지켰던 것은 화려한 문화나 물질적인 풍요가 아니었습니다. 그 나라를 지켰던 것은 눈에 보이는 병거와 마병이 아니었습니다. 엘리야라고 하는 영적인 스승이 목숨을 바쳐 그 나라를 다시 하나님의 나라로 만들려고 애썼던 노력 때문이었습니다. 그 눈물과 희생 때문에 북이스라엘이 신앙의 정체성을 놓치지 않고 지금까지 유지될 수 있었던 것입니다.

그 사실을 가장 가까이에서 지켜보고 가슴 깊이 느끼고 있었던 엘리사는 엘리야가 올라가는 모습을 바라보면서 마음속의 아픔을 터트립니다. "내 아버지여, 내 아버지여, 이스라엘의 병거와 그 마병이여!" 그는 그저 한 명의 사람이 아니었습니다. 북이스라엘을 지켜 왔던 병거와 마병이었습니다. 그런데 그 병거와 마병이 떠나갔습니다. 지금까지 이 나라를 지켜 왔던 영적인 거장이 떠나간 것입니다. 이스라엘의 병거와 마병을 하늘로 올려 보내면서 엘리사는 큰 고통을 느졌던 것입니다. 비록 엘리사가 구했던 것은 받을 수 있었지만, 지금까지 나라를 지켜왔던 영적인 거장을 떠나보내는 일은 정말 마음 아픈 일이었습니다. 엘리사는 엘리야의 몸에서 떨어진 겉옷을 가지고 돌아오는 길에 요단강을 건너야 했습니다. 그때 엘리야의 겉옷으로 요단강을 치며 "엘리야의 하나님 여호와는 어디 계시니이까?" 부르짖었습니다. 그런데 엘리사가 엘리야의 겉옷으로 요단 강물을 치니, 요단 물이 이리 저리로 갈라지는 것이었습니다. 멀리서 지켜보던 선지자 학교 생도들은 엘리야의 영감이 엘리사 위에 머물게 되었다는 것을 확인할 수 있었습니다.

공동체를 지키는 병거와 마병으로

한 사람의 영적인 거장은 그저 세월이 흐른다고 되는 것이 아닙니다. 신앙생활을 열심히 했다고 영적인 거장이 되는 것도 아닙니다. 한 사람의 영적인 거장은 가정을 지키고, 교회를 지키고, 공동체를 지켜내는 영적인 병거와 마병의 역할을 감당합니다. 그리고 그 영적인 일을 이어받을 제자들을 양성해 내어야 합니다. 그런데 단지 제자들을 가르쳤다고 스승이 되는 것이 아니라, 영적인 병거와 마병으로 제자들을 세울 수 있어야 진정한 영적인 스승이라고 할 수 있을 것입니다. 엘리야는 우상의 나라가 되어가는 북이스라엘에서 영적인 병거와 마병이 되어 혼자 외롭게 영적 전투를 싸우며 여호와 신앙을 세우고자 고군분투했습니다. 바알 선지지와 아세라 선지자 850명을 물리치고 3년 반이라는 긴 가뭄의 시간을 끝내고 비를 내리게 함으로써 하나님만이 진정한 신이라는 사실을 드러내었지만, 오히려 이세벨 왕비가 죽이려고 했을 때 크게 실망하여 로뎀나무 아래에서 죽기를 구하게 됩니다. 그렇게 큰 기적을 보게 되면 북이스라엘 사람들이 하나님께로 돌아오리라고 기대했지만, 오히려 더 거세게 저항하는 아합과 이세벨을 보면서 절망하게 되었던 것입니다. 그때 하나님은 천사를 보내서서 엘리야를 위로하시고 먹을 것을 주시며 40일 만에 하나님의 산 호렙에 이르게 합니다.

호렙 산에서 세미한 소리로 엘리야에게 나타나신 하나님은 "엘리야야 네가 어찌하여 여기 있느냐?"고 묻습니다. 엘리야는 "내가 만군의 하나님 여호와께 열심이 유별하오니 이는 이스라엘 자손이 주의 언약을 버리고 주의 제단을 헐며 칼로 주의 선지자들을 죽였음이 오며 오직 나만 남았거늘 그들이 내 생명을 찾아 빼앗으려 하나이다."라고 호소합니다. 유별한 열심히 하나님을 섬기고 북이스라엘을 깨우는 사역을 했지만, 그 모든 것이 수포로 돌아가 버리는 것 같은 현실에 설망감을 표현한 것입니다. 하나님은 엘리야에게 새로운 사람들로 아람 왕과 북이스라엘 왕을 세우게 하십니다. 그리고 엘리사를 엘리야의 후계자로 세우게 하시고 앞으로 하나님께서 어떻게 북이스라엘을 이끌어 가실지 말씀해 주신 것입니다. 그때부터 엘리야는 선지자 학교를 세우고 북이스라엘을 이끌어 갈 영적인 지도자들을 양성하기 시작했습니다. 그리고 이제 하나님께로 올라갈 때가 되었을 때, 마지막으로 선지자 생도들을 격려하며 북이스라엘 맡기게 되었던 것입니다.

엘리사는 엘리야의 후계자가 되어 엘리야가 하늘로 올라가는 마지막 순간까지 스승을 붙좇으며 엘리야가 감당했던 영적인 일들을 이어받습니다. 그리고 그 사역을 충실히 감당하였습니다. 열왕기하 13장 14절을 보면 엘리사가 죽을 때 이스라엘의 왕 요하스가 그에게로 내려와 자기의 얼굴에 눈물을 흘리며 "내 아버지여, 내 아버지여, 이스라엘의 병거와 마병이여!"라고 부르며 슬퍼하는 장면이 기록되어 있습니다. 엘리사가 하늘로 올라가는 엘리야를 향해 외쳤던 그 부르짖음을, 엘리사가 죽었을 때 이스라엘의 왕에게 동일하게 듣게 된 것입니다. 엘리사는 결국 이스라엘의 병거와 마병으로 그 역할을 충실하게 감당했던 것입니다.

비록 우리가 엘리야와 엘리사와 같은 영적인 가장이 되지 못한다고 할지라도, 하나님께서는 내 가정을 지키고, 내가 속한 공동체를 지키는 영적인 병거와 마병이 되기를 바라십니다. 그래서 우리의 믿음의 선조들이 목숨을 바쳐 지킨 이 나라와 교회를 지켜내길 원하십니다. 위대한 지도자 모세가 떠나고 여호수아가 가나안 땅을 정복해야 하는 막대한 임무를 맡았을 때, 하나님은 여호수아에게 반복해서 두려워하지 말라고 말씀하셨습니다. 그리고 한 가지 일을 부탁하셨습니다. "이 율법 책을 네 입에서 떠나지 말게 하며 주야로 그것을 묵상하여 그 안에 기록된 대로 다 지켜 행하라 그리하면 네 길이 평탄하게 될 것이며 네가 형통하리라(수 1:7)" 이 나라를 지켜왔던 신앙의 선조들이 하나님께로 떠나가고 이제 그 영적인 일을 이어받아야 할 우리들도 이 말씀을 기억할 수 있었으면 좋겠습니다. 그리고 엘리사가 그러했던 것처럼, 끝까지 영적인 스승들의 발자취를 따라 영적인 일을 계승할 수 있었으면 좋겠습니다.

엘리사는 엘리야의 뒤를 이어 이스라엘의 병거와 마병의 역할을 감당할 수 있기를 원하였습니다. 엘리야보다는 미흡할 수 있을지라도요! 그런데 그가 죽었을 때 그 일을 훌륭하게 계승하였다는 사실을 요하스 왕으로부터 인정받을 수 있었습니다. 엘리사는 엘리야의 훌륭한 계승자가 된 것입니다. 종교개혁이 한창 진행될 때, 스코틀랜드의 여왕 메리는 종교개혁자 존 낙스를 무서워했습니다. 그의 기도가 부서웠던 것입니다. 이때 존 낙스가 남긴 유명한 말이 있습니다. "기도하는 한 사람이 기도하지 않는 한 민족보다 강하다" 이것이 한 사람의 기도하는 사람, 한 사람의 영적인 거장이 한 나라에서 차지하고 있는 위상입니다. 하나님의 사람으로 신앙을 계승하고, 한 나라의 병거와 마병이 되기 위하여 나는 무엇을 노력하고 있습니까? 내가 본받을 영적인 스승이 있습니까? 나의 욕심 때문이 아닌, 하나님의 사역을 계승하기 위하여 끝까지 붙좇으십시오! 엘리사가 엘리야를 붙좇았던 것처럼 말입니다!

12장

삶의 위기를 만난 자들에게

그리스도인들이 세상을 살아가다 보면, 예기치 않게 슬럼프를 경험할 때가 많이 있습니다. 거기에는 많은 이유가 있겠지만, 가장 중요한 이유는, 하나님의 자녀로서 세상과 구별하여 살려고 노력하지 않고, 세상 사람들과 똑같은 모습으로 살아왔기 때문입니다. 그리스도인들은 구원받은 다음부터 세상 속에서 살아가지만, 세상에 속한 자가 아닙니다. 믿음을 가지고 하나님이 준비하신 더 나은 본향을 향하여 순례의 여정을 살아가는 자들이 그리스도인입니다. 그 가운데 하나님이 주신 사랑과 능력으로 세상을 사랑하고 섬기며, 그 안에서 하나님 나라를 확장시켜 나아갑니다. 그런데 세상의 유혹에 잠시 정신을 빼앗기면 서서히 세상과 하나가 되어 갑니다. 삶을 살아가는 모습만으로는 그 사람이 그리스도인인지, 세상에 속한 사람인지 구분

할 수 없을 때가 있습니다. 그때가 그리스도인들에게는 가장 힘들고 어려운 위기입니다. 삶에 있어서도 가장 밑바닥을 경험하는 시간입니다. 성경에 이와 같은 많은 사례가 있지만, 대표적으로 야곱이 그러했습니다.

삶의 위기와 벧엘

야곱은 외삼촌 라반의 집에서 아버지의 집으로 돌아가는 과정에 세겜 땅에 머물게 됩니다. 그런데 그 땅은 정착하고 살아야 할 땅이 아니라, 잠시 머물 장소였습니다. 돌아가야 될 아버지의 집으로 돌아가지 않고, 세겜 땅에서 편안하게 살려고 10년이나 머문 것이 발단되었습니다. 그곳에 머문 지 10년이 다 되어갈 무렵, 디나가 강간을 당하는 일이 발생하였습니다. 그러나 그때, 야곱이 영적인 리더십을 발휘하지 못하고 인간적으로 아들들을 의지했던 것도 큰 잘못이었습니다. 만약 야곱이 영적인 리더십을 발휘해서 하나님 앞에 부르짖으며 인도하심을 구했다면, 상황은 달라졌을 것입니다. 그런데 야곱은 하나님보다 아들들을 더 의지했습니다. 만약 아들들이 하나님 앞에 순종하는 믿음이 있는 아들들이었다면 상황은 달라졌겠지만, 아버지가 영적인 리더십을 잃어버린 가정의 아들들 역시 신앙의 모습을 찾아보기 어려웠습니다. 하루아침에 야곱의 가정은 큰 위기를 맞이했습니다. 이러한 야곱 가정의 절체절명의 위기 앞에서, 하나님께서는 일방적으로 야곱에게 다시 나타나셨습니다. 그리고 벧엘로 올라가라고 말씀하십니다. "일어나 벧엘로 올라가라!"

아무리 큰 잘못을 저질렀어도 하나님은 하나님의 자녀들에게 다시 찾아오십니다. 하나님은 약속을 지키시는 하나님이시기 때문입니다. 하나님께서 야곱을 다시 찾아오셔서 벧엘로 올라가야 한다고 말씀하셨을 때, 야곱은 마지막 영적인 리더십을 발휘하며 가족들을 벧엘로 이끌고 갑니다. "우리가 살 수 있는 길은 환난 날에 내게 응답하시며 내가 가는 길에서 나와 함께 하신 하나님을 만났던 벧엘로 돌아가는 길이다. 벧엘로 올라가자!" 그러자 가족들도 역시, 다른 방법이 없었기 때문에 아버지의 영적인 리더십에 순종하며 벧엘로 올라갑니다. 야곱은 벧엘로 올라가기 전, 가족들에게 우상들과 세상적인 모든 것들을 땅에 묻어 버리라고 명령합니다. 하나님을 만나기 위해 정결 예식을 행한 것입니다. 이렇게 야곱의 온 가족은 큰 위기의 순간에 하나님께서 찾아오셔서 말씀하신 대로 순종했고, 그때 회복을 경험할 수 있었습니다. 야곱의 가족들이 벧엘로 올라간 사건은 영적인 회복의 사건이며, 영적인 부흥의 사건이라고 할 수 있습니다. 벧엘은 영적인 회복의 장소요, 영적인 부흥의 장소였기 때문입니다. 그렇다면 야곱과 벧엘은 어떠한 관계가 있을까요? 야곱에게 벧엘은 어떤 장소였기에 영적인 회복을 경험할 수 있었을까요?

야곱이 벧엘에서 처음으로 하나님을 만나기 전, 그는 일생일대의 큰 위기를 맞이하였습니다. 집을 떠나 한 번도 가본 적이 없는 삼촌 라반의 집으로 가고 있었기 때문입니다. 인생의 큰 위기를 맞이한 야곱은 여러 가지 복잡한 상황에 처해 있었을 것입니다.

첫째, 야곱은 집을 떠나 떠돌아다니는 신세가 되었습니다. 집이라는 것은 보호막이 되고 위로와 사랑을 받을 수 있는 장소입니다. 그렇기에 집을 떠났다는 것은 더 이상 보호를 받을 수 없고, 아프고 힘들 때 위로와 사랑을 받을 수 있는 곳을 잃어버렸다는 것을 의미합니다.

둘째, 야곱은 내일이 없는 자였습니다. 외삼촌 라반의 집을 목적지로 삼아 가고 있지만, 한 번도 가보지 못한 그 장소를 무사히 잘 찾아갈 수 있을지 기약할 수 없었습니다. 또한 외삼촌 라반도 만난 적이 없었기 때문에, 외삼촌이 야곱을 환영해줄지, 그곳에서 새로운 출발이 가능할지, 전혀 알 수 없는 상황이었습니다.

셋째, 야곱이 집을 떠나게 된 이유는, 아버지와 형을 속이고 장자권을 빼돌렸기 때문입니다. 비록 아버지의 축복을 받았지만, 떠돌이 신세가 되어 내일을 기약할 수 없는 상황이 되었을 때, 야곱은 혼란스러웠을 것입니다. 하나님의 축복이 무엇인지, 왜 내가 이것을 위해 그토록 애써 왔는지, 알 수 없는 혼돈을 경험하고 있던 시간이었습니다. 때로는 우리도 이런 시간들을 지난 적이 있습니다. 나름대로 기도도 하고 금식도 하면서 열심히 신앙생활을 해왔는데, 어렵고 힘든 상황이 닥쳐오면 하나님의 은혜가 무엇인지 혼란스러웠던 적이 있지 않습니까? "하나님이 정말 나를 사랑하시는 건가? 내가 지금까지 기도했던 것은 무엇이었을까? 왜 하나님은 이런 상황에서 나를 내버려 두시는 건가?" 이런 생각들로 외롭고 힘든 시간을 보낸 적이 있었을 것입니다.

넷째, 야곱은 벧엘에서 철저하게 혼자라는 사실을 경험하고 있었습니다. 아무도 아는 사람이 없고, 도와줄 사람도 없었습니다. '이러다가 죽을 수 있겠구나' 싶을 정도로 적막함 속에서 철저히 혼자라는 사실을 경험하며, 마음 깊은 곳에서 눈물을 흘릴 수밖에 없었던 시간이었습니다.

다섯째, 이런 상황 속에서 하나님의 이름조차 부를 힘이 없어 지쳐 쓰러져 돌을 베개로, 하늘을 이불 삼아서 잠을 청할 수밖에 없는 상황이 되었습니다. 이처럼 야곱의 일생에서 첫 번째로 만난 위기는 너무나도 엄청난 것이었습니다. 그러나 사실 그 모든 것은 야곱이 스스로 자초한 일이었습니다. 그러나 하나님은 벧엘에서 야곱을 기다리고 계셨습니다. 위기의 순간에 하나님은 야곱을 만나주신 것입니다. 야곱은 말로만 듣던 하나님을 직접 만나게 되었습니다. 할아버지의 아브라함의 하나님, 아버지 이삭의 하나님을 직접 경험하게 된 것입니다. 하나님은 일생일대의 위기의 순간에 야곱에게 나타나셔서 자신을 계시해 주셨습니다. 위기를 기회의 순간으로 바꿔주신 것입니다. 그러나 야곱이 세운 자기의 인생 계획표에는 벧엘이 없었습니다. 꿈에도 생각조차 못했고, 뜻밖의 장소였습니다. 그러므로 야곱에게 벧엘은 뜻밖의 장소요, 뜻밖의 경험을 한 곳이었습니다.

야곱이 경험한 벧엘의 은혜

야곱은 다시 가족들과 벧엘로 올라가며, 이와 같은 20년 전, 자신의 모습이 떠올랐을 것입니다. 무작정 집을 떠나 떠돌이 신세가 되어 내일을 기약할 수 없었던 그때, 하나님으로부터 축복을 받기 위해 노력해왔지만, 오히려 그 문제 때문에 죽을 수 있는 위험에 처하게 되었던 그때, 힘들고 지쳐서 이러다가 죽을 수도 있겠구나 싶을 정도로 적막한 곳에서 철저히 홀로였던 그때, 하나님의 이름도 부를 수 없을 정도로 지쳐 쓰러져 돌베개를 베고 누웠던 그때가 떠올랐을 것입니다. 자신의 인생에서 첫 번째 위기를 만났던 그 순간을 떠올리면서, 야곱은 그 위기의 순간에 찾아오셨던 하나님을 기억할 수 있었을 것입니다.

그렇다면, 처음으로 하나님을 만났던 벧엘에서 야곱은 어떠한 일을 경험하였습니까? 첫째, 하나님이 일방적으로 먼저 찾아오셨습니다. 야곱이 하나님께 만나달라고 먼저 요청한 것이 아닙니다. 하나님은 꿈이라는 도구를 통해서 찾아오셨습니다. 그러나 꿈이라는 도구를 통해서 찾아오셨어도, 하나님이 직접 찾아오시는 꿈은 생생한 현실과 같습니다. 꿈으로 찾아오신 것은 준비되지 않았던 연약한 야곱을 배려하시는 하나님의 방법이었습니다.

둘째, 야곱은 깨닫지 못했지만, 하나님은 항상 야곱과 함께 계신다는 사실을 가르쳐 주셨습니다. 그 증거로 하나님은 사닥다리를 보여주셨고 천사가 오르락내리락하고 있었던 것들을 보게 하셨습니다. "너는 혼자라고 생각했지만, 천사들을 보내 너를 지켜보고 있었다."는 사실을 가르쳐 주신 것입니다.

셋째, 처음 하나님을 만나는 야곱을 배려하셔서 야곱이 충분히 이해할 수 있는 말로 자신을 소개해 주셨습니다. "나는 아브라함의 하나님, 이삭의 하나님이다!"라고 가르쳐 주신 것입니다. '하나님'이라는 말은 어려울 수 있습니다. 멀고 먼 두려움의 대상일 수 있습니다. 그런데 야곱에게 아브라함의 하나님, 이삭의 하나님이라고 가르쳐 주셨을 때, 야곱은 할아버지의 하나님이자 아버지의 하나님으로서 하나님을 만날 수 있었을 것입니다. 할아버지 아브라함이 애굽으로 내려가 할머니 사라를 누이라고 속여 애굽 왕이 할머니를 데려갔을 때, 하나님이 개입하셔서 할머니를 다시 돌려보내 주신 일이 기억났을 것입니다. 집에서 훈련시킨 318명을 데리고 조카 롯 삼촌을 구하러 갔을 때, 하나님이 함께하심으로 그돌라오멜과 그와 함께 한 왕들을 이기게 하셨던 하나님도 떠올렸을 것입니다.

또한 아버지 이삭의 하나님에 대한 기억도 떠올랐을 것입니다. 우물을 팔 때마다 물이 나오게 하신 하나님이셨습니다. 고대 근동의 중동 지역은 사막지대이기 때문에 물은 생명과 직결된 곳이었습니다. 그렇기에 우물을 파는 것은 매우 중요한 일이었는데, 이삭이 우물을 파서 물을 얻을 때마다 힘 있는 사람들이 와서 그 우물을 빼앗아 간 것입니다. 그러나 그때마다 아버지 이삭은 겸손하게 양보하고, 또 다른 곳에 가서 우물을 파면 하나님은 또 물이 나오게 하시고, 또 다른 곳을 파면 또 물이 나오게 하셨습니다. 이렇게 하나님은 할아버지와 아버지의 삶에 깊이 개입하셔서 이끌어 주셨던 분이셨습니다. 그렇기에 하나님이 야곱에게 아브라함의 하나님이자 이삭의 하나님이라고 자신을 소개하셨을 때, 하나님은 경배받기만을 바라는 신이 아니라, 조상들의 삶에 개입하셔서 그들을 인도하고 구원하신 하나님이라는 사실을 가르쳐주신 것입니다. 또한 이 말씀은 하나님께서 야곱의 삶에도 개입하셔서 끝까지 인도해 주시고 구원해 주실 것이란 사실을 알려주시는 것이었습니다.

넷째, 하나님은 일방적으로 야곱과 언약을 맺어 주셨습니다. 이것은 일방적인 하나님의 약속이었고, 하나님께서 일방적으로 그 언약을 이루어 가신다는 약속이었습니다. 그렇기에 하나님의 축복을 쟁취하려던 야곱은 진정한 축복이 무엇인지를 배우는 시간이 되었습니다.

다섯째, 하나님은 야곱을 결코 떠나지 않겠다고 약속해 주셨습니다. 이 약속이 하나님께서 야곱에게 주신 복 가운데 가장 큰 복이었습니다.

야곱은 지난 20년 동안 이 사실을 잊고 살았습니다. 그런데 다시 인생의 위기를 맞아 벧엘로 올라가면서, 그 기억들을 떠올리고 하나님을 기억하게 된 것입니다. 그때 하나님은 일방적으로 찾아오셔서 혼자라고 생각하고 있던 야곱에게 항상 그 옆에 계셨다는 사실을 가르쳐 주신 분이십니다. 무엇보다 가장 큰 축복은 야곱이 다시 아버지의 집으로 돌아올 때까지 떠나지 않을 것이라고 약속해 주신 말씀입니다. 야곱은 그 하나님의 약속을 떠올리면서 벧엘로 올라갔을 것입니다. 야곱에게 벧엘이라는 장소는 그러한 장소였습니다. 하나님의 약속을 떠올릴 수 있는 장소였고, 하나님의 일하심을 떠올릴 수 있는 장소였습니다. 그리고 그 기억을 통해 지금 다시 위기를 만난 이 순간에, 무슨 일을 해야 하는지를 생각해 볼 수 있는 장소였습니다. 지금 야곱에게는 하나님께 대한 확신과 하나님의 약속, 그를 향한 하나님의 뜻을 확인 받는 것이 중요했습니다.

그렇다면 벧엘에서 처음으로 하나님을 만난 야곱은 어떠한 태도를 취하였습니까?

첫째, 야곱은 하나님에 대한 경외감을 표현하였습니다. 하나님을 만난 사람들의 공통점입니다. 그리고 하나님을 경외하는 사람들의 공통점은 자신이 가장 낮아진 모습을 취하게 되어 있습니다. 야곱도 그러했습니다.

둘째, 하나님을 만나 그곳을 기념하여 이름을 붙이고 기억하였습니다. 벧엘이라는 이름을 붙이고 제단을 쌓았다는 것은, 그 장소만이 중요하다는 것이 아니었습니다. 야곱은 하나님을 만난 그곳이 바로 하나님의 전이되고 하늘의 문이 된다는 것을 알았습니다. 그러나 이름을 붙이고 제단을 쌓은 것은, 자신의 삶에서 오랫동안 기억하기 위함이었습니다.

셋째, 하나님께서 보이지는 않아도 늘 자신과 함께함을 느낄 수 있었습니다.

넷째, 하나님께 서원의 약속을 하였습니다. 이것은 협상이 아닙니다. 하나님의 경외감을 경험한 사람은 하나님께 충성을 약속할 수밖에 없습니다. 감히 두려운 가운데 자신의 목적과 이득을 위하여 협상을 할 수는 없는 일이기 때문입니다. 이것이 야곱의 믿음이었습니다. 야곱은 자신의 비참함과 어려움을 그대로 표현하였으며, 하나님의 약속을 다시 자신의 입술로 고백하였고, 또한 이것이 이루어진다면 제사장으로서의 삶과 모든 소유가 하나님으로부터 온다는 것을 날마다 인정하며 살겠다고 다짐한 것입니다.

다시 찾아온 인생의 위기와 해결책

그런데 벧엘의 은혜를 경험한 이후, 야곱의 삶은 어떠했습니까? 타락한 삶을 살았습니다. 술 먹고 음란한 생활을 했기 때문이 아니라, 벧엘의 언약을 잊어버린 채 하나님을 떠난 생활을 했기 때문입니다. 하나님의 사랑은 야곱을 향하였지만, 야곱은 아내와 돈을 사랑하였습니다. 그는 철저하게 하나님을 이용하였고, 하나님을 자기 욕심에 끌어들였습니다. 그러다가 딸 디나가 강간을 당하고 세겜 사람들과의 충돌하기 직전에 하나님이 일방적으로 야곱에게 나타나셔서 벧엘로 올라가라고 말씀하신 것입니다. 하나님과의 약속을 잊어버리고 살면 위기를 만나게 됩니다. 첫 번째 위기의 순간에 하나님 앞에서 취한 태도와 약속을 잊어버리고, 자신의 욕심을 따라 살다가 다시 위기를 만나게 된 것입니다. 물론 열심히 신앙생활을 해도 위기가 찾아올 수 있습니다. 그러나 그럴 때도 위기의 순간에 해야 할 일은 동일합니다. 위기의 순간 만났던 하나님을 다시 떠올리는 것입니다. 그때의 약속을 다시 기억하는 것입니다.

야곱은 20여 년 전의 일을 생각하며 다시 벧엘로 올라갔습니다. 야곱이 하나님의 말씀에 순종하여 가족들과 함께 벧엘로 올라갔을 때, 하나님은 하나님의 방법대로 야곱의 가정을 지키셔서 위기에서 건져 주셨습니다. 야곱은 벧엘에서 하나님이 다시 찾아오실 때까지, 처음 벧엘에서 경험하였던 일들을 회상하면서 자신이 잘못한 것들을 점검하고, 앞으로 어떻게 살아야할지 생각하는 시간을 가질 수 있었습니다. 이것이 중요합니다. "내 인생에 그럴 때가 있었어. 내 인생에 그렇게 어려울 때가 있었어. 내 인생의 위기가 닥쳤을 때가 있었어. 그때 하나님께서 나를 찾아오셨지. 하나님께서 나에게 약속해 주셨지. 나를 떠나지 않는다고 약속해 주셨어. 하나님은 약속을 끝까지 지키시는 분이지." 아마 야곱은 벧엘에 올라가서 그런 생각들을 했을 것입니다.

또, 벧엘은 야곱이 인생의 위기를 만났을 때, 하나님을 만나고 하나님에 대한 경외감으로 스스로를 낮출 수 있었던 곳이었습니다. 베고 누웠던 돌로 단을 쌓고 "하나님의 집"이라는 이름을 지어준 곳이었습니다. '벧엘'이라는 이름을 지어 놓은 것은 그곳에서 만났던 하나님을 기억하기 위한 표식이었습니다. 벧엘이라는 장소가 중요한 것이 아니라, 하나님을 만난 경험이 중요한 것입니다. 하나님을 만났던 경험이 있었던 장소가 바로 그 자리라고 하는 것입니다. 벧엘에서 야곱은 하나님의 집에 들어가는 것을 경험했습니다. 하나님의 가족으로 받아들여지는 것을 경험했습니다. 집을 떠나 이제 떠돌이가 되어 자신을 품어 줄 가족이 없다고 생각했지만, 하나님은 그런 야곱의 가족이 되어 주시고 자신의 집으로 야곱을 인도해 주신 것입니다. 그렇기에 야곱은 이러한 벧엘의 은혜를 기억하며 다시 만날 하나님을 기대했습니다. 지금 모든 것이 무너진 야곱이지만, 자신을 떠나실 하나님이 아니라는 사실을 확신하였기 때문입니다.

위기의 순간에 반드시 기억해야 할 하나님의 약속

벧엘은 야곱이 인생의 첫 번째 위기에서 하나님을 처음으로 만난 장소입니다. 말로만 들었던 하나님을 직접 만나 체험하게 된 장소입니다. 부활하신 예수님께서 사도 바울을 만나 주신 다메섹 도상과 같은 곳입니다. 벧엘은 야곱에게 그의 택하심과 그를 향한 하나님의 계획하심이 얼마나 크고 놀라운지를 확인받은 곳이었습니다. 그리고 벧엘은 하나님의 택하심을 받았으나 자아가 너무도 강해 자기 욕심과 자기 방식대로 살아가는 야곱이 본격적으로 하나님에 의해 다듬어지기 시작한 곳이었습니다. 야곱의 삶에 하나님의 약속과 계획이 이루어지려면 그의 강한 자아가 깨어져야 했습니다. 그래서 하나님께서는 야곱을 벧엘에서 만나 주시고 그 일을 시작하신 것입니다. 이러한 하나님의 다루심은 약 20년 지나서야 완성이 되었습니다.

　야곱은 자신의 욕심과 방식대로 자기가 원하는 것을 성취해 보려다가 인생의 큰 위기를 만나게 되었습니다. 위기의 순간에서 하나님을 만나 문제를 해결한 야곱처럼, 나에게는 벧엘의 체험이 있습니까? 우리의 택하심과 부르심을 확인 시켜 주는 곳은 어디입니까? 삶에 지치고 치인 우리가 하나님의 위로를 받고 소망을 갖게 되는 곳은 어디입니까? 하나님께서 우리에게 약속을 맺어주시고 복을 주시는 곳이 어디입니까? 바로 예수 그리스도의 십자가 앞입니다. 우리를 대신하여 십자가를 지신 예수 그리스도 앞입니다. 그곳에서 우리는 예수 그리스도로 말미암아 우리가 택함 받았고 하나님께서 사랑하는 자녀라는 사실을 확인하고 감사와 감격의 눈물을 흘리게 됩니다. 우리를 위해 이리저리 차이고, 버림당하고, 온몸이 찢기신 예수 그리스도 앞에서 우리는 위로를 받습니다. 우리는 예수 그리스도 안에서 하나님의 완전하신 보호와 인도하심, 그리고 하나님께서 약속하신 복의 풍성함을 발견합니다. 창조 이래, 하나님께서 약속한 모든 복이 예수 그리스도 안에 있습니다. 예수 그리스도 안에서만 그 복을 온전히 누릴 수 있습니다.

인생의 위기가 닥쳤을 때, 반드시 기억해야 할 것이 있습니다. 하나님의 약속입니다. 그리고 그 약속을 끝까지 지키시는 분이 하나님이라는 사실입니다. 혹시 당신이 경험하고 있는 위기가 인생의 첫 번째 위기이기 때문에, 그 위기의 순간에 하나님을 만난 경험이 없다면, 인생의 순간순간에 하나님께서 주셨던 약속을 떠올리십시오. 위기의 순간 철저하게 외로웠을 때 하나님이 먼저 찾아오셨던 벧엘을 떠올리라고 하는 것입니다. 하나님과 만났던 장소, 하나님과 만났던 경험, 그리고 그때 하나님과 있었던 그 모든 일들을 떠올려 보십시오. 그리고 그곳으로 다시 돌아가십시오. 장소로 돌아가라는 것이 아니라, 그 경험을 떠올리고 그때 만났던 하나님께로 돌아가라는 것입니다. 그 기억이 떠오를 때, 우리는 확신을 얻을 수 있습니다. "하나님은 이 상황에서도 나를 버리시지 않겠구나. 하나님은 지금 이 상황에서도 나를 사랑하고 계시는구나. 하나님은 지금 이 상황에서도 나를 부르시고 계시는구나!" 확신이 생깁니다. 왜 그럴까요? 내 인생의 가장 밑바닥에서 만났던 하나님이었기 때문입니다. 그때도 나를 버리지 않으셨고, 그때도 나를 포기하지 않으셨고, 그때도 나를 사랑하셨던 하나님이셨기 때문에, 내가 다시 인생의 위기를 만나 밑바닥에 떨어쳤지만, 그때를 떠올리며 하나님이 어떤 하나님인지, 하나님이 어떤 약속을 하셨는지를 떠올리며 하나님을 붙잡기를 원하시는 것입니다.

13장
지속적인 은혜 가운데 살아가기를 원하는 자들에게

사람은 망각의 동물입니다. 아무리 은혜롭고 놀라운 일들을 경험했어도 시간이 지나면 그 감격과 감사가 희미해집니다. 아예 잊어버리기도 합니다. 우리는 자주 그러한 잘못을 저지르곤 합니다. 하나님께서 우리에게 베푸신 은혜를 자주 잊어버리는 것입니다. 그 은혜를 자주 잊어버리고 원망하고 불평하며 힘겨워합니다. 독일의 학자 에빙하우스에 따르면 사람의 기억력은 19분이 지나면 41.8%를 잊어버리고 63분이 지나면 55.8%를 잊어버린다고 합니다. 그리고 31일이 지나면 겨우 21%만 기억할 수 있다는 것입니다. 아마 이 수치도 몇 번의 실험을 반복해서 나온 수치일 것입니다. 그렇기에 사람마다 차이가 있겠지만, 아무리 은혜를 받고 아무리 놀라운 기적을 경험했다고 해도 30일이 지나면 우리 머릿속에 남아 있는 것이 20%밖에 되지 않는다고 할 수 있습니다. 하나님은 이러한 인간의 연약함을 아셨습니다. 그렇기에 성경을 보면 자주 기억하라고 말씀하시는 장면이 나옵니다. 기념하라고 말씀하시는 장면도 나옵니다. 하나님은 요단강을 건너 약속의 땅 가나안 정복을 눈앞에 둔 이스라엘 백성들에게 열두 돌비를 세워 요단강을 건넌 것을 기념하라고 하셨습니다. 가나안 정복이라는 위대한 사명을 감당하기 위해서 이 열두 돌비를 세우고 하나님을 기억해야 하는 일이 반드시 필요했기 때문입니다.

표징을 세워 기억하라!

이스라엘 백성이 40년의 광야 생활을 마치고 가나안 땅으로 들어가기 위해 요단 동편에 이르게 되었을 때, 그들은 하나님이 약속하신 가나안 땅으로 들어가기 위해 마지막으로 건너야 될 장애물이 있었습니다. 그 장애물은 요단강이었습니다. 여호수아 3장 15절 말씀을 보면, 이스라엘 백성이 요단강을 건너갈 때는 곡식을 거두는 시기로 요단 강물이 범람하는 때였기에, 요단강을 건너는 것이 쉽지 않았습니다. 하나님은 이스라엘 백성들이 성결하도록 준비시키신 후, 요단강을 건너게 하셨습니다. 법궤를 멘 제사장들이 앞장을 서고, 2,000규빗(900m에서 1km) 정도 떨어져 그 뒤를 이스라엘 백성들이 법궤를 보면서 요단강을 건너려고 하신 것입니다. 2,000규빗의 거리를 두고 따라오게 하신 이유는, 누구든지 법궤를 보면서 요단강을 건너기 위함이었습니다. 그런데 법궤를 멘 제사장들이 요단강에 발을 담그자 흐르던 물이 그쳐서 이스라엘 백성들은 마른 땅으로 요단강을 건널 수 있었습니다. 홍해의 기적이 다시 펼쳐졌던 것입니다. 하나님은 이스라엘 백성들이 요단강을 건넌 후, 요단강에서 열두 지파가 하나씩 열두 개의 돌을 취해 표징을 삼으라고 하셨습니다.

요단강을 건너 약속의 땅으로 전진해야 하는 이스라엘 백성들은 하나님의 말씀대로 순종하면서 요단강이 갈라지는 기적을 보았습니다. 그리고 마른 땅을 걸어서 요단강을 건너갈 수 있었습니다. 놀라운 하나님의 역사에 이스라엘 백성들은 감사와 기쁨으로 가득했을 것입니다. 그러나 시간이 흘러가면서 그때의 감격과 환희는 사라져 버릴 수 있습니다. 그렇기에 하나님은 반복적으로 하나님의 은혜를 떠올리며 기억하기를 원하셨습니다. 그것이 은혜를 지속적으로 누릴 수 있는 방법이기 때문입니다. 아무리 힘들고 어려운 일이 있어도 과거에 하나님께서 행하셨던 놀라운 역사를 기억할 수 있다면, 하나님은 그때 하신 일들을 지금도 행하실 수 있고 미래도 행하실 수 있다는 믿음이 우리를 살리는 것입니다. 그래서 하나님은 요단강을 건넌 후, 이스라엘 백성들에게 요단강에서 열두 돌을 취하여 실살의 세우라고 말씀하셨던 것입니다.

하나님은 요단강을 건넌 일이 단지 한 번의 기적으로 기억되기를 바라지 않으셨습니다. 이스라엘 백성들과 그 후손들이 하나님께서 하신 일들을 잊지 않고 계속해서 기억하도록 하시기 위해 열두 돌비를 세운 것입니다. 그렇다면 하나님은 구체적으로 이스라엘 백성이 무엇을 기억하기를 원하셨을까요? 여호수아는 "너희는 너희 자손들에게 알게 하여 이르기를 이스라엘이 마른 땅을 밟고 이 요단을 건넜음이라. 너희의 하나님 여호와께서 요단 물을 너희 앞에서 마르게 하사 너희를 건너게 하신 것이 너희의 하나님 여호와께서 우리 앞에 홍해를 말리시고 우리를 건너게 하심과 같았나니 이는 땅의 모든 백성에게 여호와의 손이 강하게 하신 것을 알게 하며 너희가 너희 하나님 여호와를 항상 경외하게 하려 하심이라(수 4:22~24)"고 길갈에 열두 돌비를 세운 이유를 말합니다. 이 말씀을 보면, 하나님은 두 가지 목적을 가지고 열두 돌을 길갈에 세워 기념하라고 하신 것을 알 수 있습니다.

첫 번째, '여호와의 손이 강하다'라는 것을 알리시기 위해서입니다. 성경에서 하나님의 오른손은 하나님의 능력을 나타냅니다. 하나님의 손이 강하다는 것을 기억해야 하는 이유는 하나님의 능력이 우리의 생각보다 더 크다는 것을 가르쳐주시고 그것을 기억하기 원하셨던 것입니다. 하나님은 이스라엘 백성들이 길갈에 세운 이 열두 돌을 바라보면서, 여호와께서 강한 손으로 요단강을 건너게 하셨음을 기억하기를 바라셨던 것입니다. 이스라엘 백성들뿐만 아니라, 그 후손들도 기억하기를 원하셨습니다. 이 열두 돌을 바라보며, 하나님께서는 강한 능력으로 못하실 일이 없다는 것을 항상 기억하고 가나안 정복이라는 위대한 사명을 완수할 수 있기를 바라신 것입니다. 이 열두 돌을 바라보면서 요단을 건너게 하신 하나님께서는, 어떠한 어려움도 넉넉히 이길 수 있게 해 주신다는 믿음으로 살아갈 수 있도록 조치를 취해 놓으신 것입니다.

두 번째는 '항상 여호와를 경외하게 하려 함'입니다. 이스라엘 백성들은 요단을 건넌 후, 하나님에 대한 경외감에 휩싸였을 것입니다. 인간은 할 수 없는 하나님만이 하실 수 있는 초월적인 일을 경험하였기 때문입니다. 그 경외감에는 하나님을 향한 두려움만 있는 것이 아니라 사랑과 감사의 눈물이 담겨 있습니다. 이것이 신앙생활의 힘이고 동력입니다. 하나님이 기념비를 세워서 하나님이 하신 일들을 떠올리게 하신 이유는, 지속적으로 하나님을 경외할 수 있도록 하시기 위해서입니다. 그것이 신앙의 출발점이고 신앙을 지속할 수 있는 힘과 동력이 되기 때문입니다. 하나님은 한 번의 기적으로 이스라엘 백성을 돕는 것에서 끝나지 않고, 그것을 기념하고 기억하게 하심으로 지속적으로 이스라엘의 삶에 간섭하실 것과 그리고 그들을 끝까지 인도해 주실 것을 약속하신 것입니다. 이스라엘이 여호와를 경외하는 마음으로 여호와의 강한 손이 함께 하신다는 것을 기억할 수 있을 때, 그들은 가나안 정복이라는 역사적인 사명을 넉넉히 감당할 수 있게 될 것입니다.

잊지 마십시오! 주님의 은혜를!

신명기 8장은 모세가 죽기 전에 이스라엘 백성에게 반드시 기억해야 할 것을 당부한 유언과도 같은 말씀입니다. 신명기 8장 전체 구조는 '잊지 말라'는 것입니다. '잊지 말라'는 것은 '기억하라'는 말의 부정형으로 '기억하라'는 것을 강조하는 말입니다. 기억하라는 것은 그 사실만을 기억하라는 것이 아니라, 하나님의 역사와 살아계심을 기억하라는 것입니다. 신명기 8장에서 모세는 '잊지 말라'는 구조 속에서 반드시 기억해야 할 것을 당부를 하고 있는 것입니다. 모세는 이스라엘 백성들에게 꼭 기억해야 될 것을 세 가지로 이야기합니다.

첫째 신명기 8장 11-14절을 보면, 애굽의 종 되었던 삶에서 이끌어 내신 하나님을 기억하라고 당부합니다. 왜 이것을 기억해야 할까요? 13절에 보면 모세의 걱정스러운 마음이 기록되어 있습니다. "네 소와 양이 번성하며 네 은금이 증식되며 네 소유가 다 풍부하게 될 때에 네 마음이 교만하여 네 하나님 여호와를 잊어버릴까 염려한다"는 것입니다. 하나님은 애굽에서 노예 생활을 하던 이스라엘 백성들을 건져내셨습니다. '건져내셨다'는 것은 지금 당면한 힘든 일에서 건져주는 것으로 끝내신다는 말이 아닙니다. '건져내셨다'는 것은 앞으로도 계속해서 인도하시고, 복 주시고, 이끌어 주실 것이라는 미래까지 보장된 구원을 의미합니다. 그렇기에 이러한 구원하심이 지속될 때, 이스라엘 백성들은 풍족한 삶을 살 수 있게 될 것입니다. 그런데 그때 그들의 마음이 교만해져서 하나님을 잊어버리게 될 것을 염려하고 있는 것입니다. 쉽사리 잊어버리는 인간의 연약함과 죄성은 풍요로운 삶을 누리게 해 주신 하나님의 은혜를 금방 잊어버리고 스스로 교만해지는 것입니다. 그렇기에 모세는 이스라엘 백성들을 향해서 애굽에서 노예로 살았던 삶에서 하나님께서 구원해 주셨던 것을 잊지 말라고 당부하고 있는 것입니다. 하나님의 은혜와 하나님의 역사하심을 지속적으로 간직하기 위해서는 자꾸 떠올려야 합니다. 그래야 그 당시 경험했던 감격과 기쁨과 하나님의 은혜 안에 오래도록 머무를 수 있게 되는 것입니다.

두 번째, 모세가 당부한 것이 있습니다. 그것은 40년 동안 광야에서 만나를 먹이신 것을 잊지 말라는 것입니다. 이스라엘 백성들은 광야의 40년이 너무나 힘든 기억이었기 때문에, 가나안 땅에 들어갔을 때는 더 이상 떠올리고 싶지 않았을지 모릅니다. 그런데 모세는 유언과도 같은 말씀으로, 이스라엘 백성들이 광야에서 만나를 먹었던 것을 기억해야 한다고 당부하는 것입니다. 그 이유는 "이는 다 너를 낮추시며 너를 시험하사 마침내 네게 복을 주려 하심이었다(출 8:16)"는 것입니다. 광야 40년 동안 매일 아침 만나를 거두러 다니는 일이 힘들고 어려웠지만, 그것은 우리를 낮추시고 시험하여 마침내 복을 주기 위함이었다는 사실을 기억해야 한다는 것입니다. 하나님은 복을 주고 싶지만, 그 복이 그 사람을 죽이는 복이 된다면 어떻게 그 복을 주실 수 있겠습니까? 그래서 40년 동안 연단의 시간을 통해서 그를 낮추시고 훈련하여 하나님이 주시는 복을 복되게 알고 간직하고 다른 사람에게 흘려보낼 수 있도록 훈련시키신 것입니다.

이스라엘 백성들은 낮아지는 훈련이 필요했습니다. 사람이 죄를 짓고 타락하게 된 것은 결국 교만해져서 하나님처럼 높아지려고 했기 때문입니다. 이것이 사람의 기본적인 기질이고, 우리가 가지고 있는 죄의 본질적인 모습입니다. 하나님께서 이 부분을 다뤄주시지 않으면 우리는 언제든지 내 스스로 하나님이 되어 다른 사람을 지배하고 주관하려는 악한 습성이 있습니다. 그래서 유독 하나님이 사랑하시고 하나님이 쓰시고자 하는 사람에게 하나님은 광야를 허락하십니다. 그러나 그 광야는 그 사람을 죽이는 광야가 아니라, 그 사람을 하나님의 그릇으로 만드는 광야입니다. 그렇기에 광야에는 만나를 내려주시고, 필요한 것들을 채우시는 하나님의 손길이 있었던 시간입니다. 그러므로 이스라엘이 나중에 가나안 땅에서 많은 것들을 누리며 살 때, 이 광야의 만나를 떠올릴 수만 있다면 얼마든지 낮아질 수 있고 낮아진 자에게는 하나님의 은혜가 지속적으로 임할 수 있습니다. 높아지고 많은 것을 가지고 있을 때 하나님의 은혜를 떠올리게 되던가요? 그렇지 않은 것 같습니다. 오히려 낮아졌을 때 하나님을 의지해야 할 때 하나님의 은혜가 떠오르는 것 아니겠습니까? 하나님은 그렇게 하시기를 원하셨습니다.

세 번째, 신명기 8장 18~20절 말씀을 보면 여호와를 기억해야 하는 이유는 재물 얻을 능력을 주신 분이 하나님이시기 때문입니다. 많은 사람들이 하나님의 축복을 받을 때, 재물을 모을 수 있었던 것은 자신의 능력 때문이라 자만하게 됩니다. 그러나 모세는 이스라엘 백성이 재물을 모을 수 있었던 이유는 하나님 때문이라고 말합니다. "너희들이 애굽을 탈출할 때 소와 양과 은금패물을 가지고 나올 수 있었던 것은 너희들 때문이 아니라 그것을 가지고 나올 수 있도록 역사하신 하나님 때문이다!" 이것을 떠올려야 한다는 것입니다. 예수님은 "낙타가 바늘귀로 들어가는 것이 부자가 하나님의 나라에 들어가는 것보다 쉬우니라(마 19:24)"고 말씀하십니다. 그만큼 부자는 천국 가기 어렵다는 것입니다. 그런데 많은 사람들이 오해를 하는 것이 하나님이 부자를 싫어하신다고 생각하는 것입니다. 아닙니다. 하나님은 모든 사람을 사랑하십니다. 부자도 사랑하십니다. 가난한 사람도 사랑하십니다. 단지 부자가 자기가 받은 축복을 자기의 힘과 능력으로 얻었다고 자만하게 생각하다가는 하나님과의 관계가 끊어질 수 있습니다. 예수님은 그 위험을 지적하고 있는 것입니다. 나에게 모든 것을 주신 분이 하나님이라는 것을 떠올릴 수 있다면, 자만해서 넘어지지 않고 그 은혜와 축복을 지속적으로 누리며 나눌 수 있게 되는 것입니다.

과거의 기억이 미래의 소망으로!

하나님의 은혜를 잊어버리는 것은 우리의 소망을 무너뜨리는 가장 큰 적입니다. 하나님의 은혜와 역사를 기억할 수 있다면 미래에 대한 소망을 가질 수 있기 때문입니다. 기억의 뿌리는 과거에 있지만, 하나님을 향한 온전한 기억은 미래를 향하게 합니다. 기억은 과거를 기억하는 것입니다. 그렇기에 기억의 뿌리는 과거에 있다고 할 수 있습니다. 그런데 과거의 기억에서 하나님의 은혜와 하나님의 역사하심을 온전히 기억할 수 있다면, 하나님께서 미래에도 그렇게 하시리라고 믿을 수 있습니다. 그렇기에 하나님을 향한 온전한 과거의 기억은 미래의 소망이 됩니다. 하나님은 과거에만 역사하신 하나님이 아니라, 현재도 일하시고 미래도 역사하실 수 있는 하나님이시기 때문입니다. 그래서 성경을 보면 하나님은 자신을 계시하실 때, 아브라함의 하나님, 이삭의 하나님, 야곱의 하나님이라고 말씀하시는 것입니다.

아브라함을 부르셨을 때, 하나님께서 아브라함의 삶에 개입하셔서 어떤 일을 하셨는지 떠올려보라는 것입니다. 아브라함이 죽은 후에 이삭에게 축복의 계보가 이어졌을 때, 이삭의 삶에 개입하셔서 하나님이 어떤 일을 하셨는지 떠올려보라는 것입니다. 이삭이 죽고 야곱에게 장자권이 주어지고 축복의 계보가 이어졌을 때, 하나님이 야곱의 삶에 개입하셔서 야곱을 어떻게 이끌어 가셨는지를 떠올려보라는 것입니다. 하나님은 왜 자꾸 과거를 언급하시는 것입니까? 과거를 들춰내시려는 것이 아니라, 과거에 하나님이 하셨던 일들이 발판이 되어 앞으로도 하나님이 이러한 위대한 일을 하실 수 있는 분이라는 사실을 가르쳐주시기 위함입니다. 과거의 일이 기반이 되어 미래에 소망을 갖게 하시려는 것입니다. 아브라함에게 이런 일을 행하신 하나님이시라면, 이삭에게 이런 일을 행하신 하나님이시라면, 그리고 야곱에게도 이런 일을 행하신 분이라면, 하나님께서 우리의 삶 속에서도 얼마든지 위대한 일을 행하실 수 있는 분이라는 것을 말씀하고자 하시는 것입니다.

물론 과거의 기억을 떠올리고 싶지 않은 분들이 있으실 것입니다.

과거에 하나님께서 놀라운 일들을 행하셨지만, 그 기억을 떠올리면 자신의 잘못도 떠올려야 하기 때문에 과거를 기억하는 것을 싫어하시는 분들이 있을 것입니다. 기독교 역사에서 위대한 성자 중에 한 분이신 성 어거스틴은 『고백론』이라는 아주 위대한 책을 썼습니다. 그런데 성 어거스틴은 『고백론』에서 자신의 과거에 대해 많이 고백했습니다. 어거스틴은 자기의 기억 속에 무엇이 들어있는지 알아야 죄도 고백하고 회개할 수 있는데, 자기 기억 속에 무엇이 들어있는지 알지 못해서 고백하지 못한 수많은 죄가 있다는 사실 때문에 두렵고 무서웠던 적이 많았다고 고백을 한 것입니다. 내가 인식하지 못하는 무의식 속에 숨겨져 있는 그 많은 죄들이 떠올라야 하나님 앞에 용서를 구할 수 있는데, 떠오르지 않는 것이 너무 두려웠다는 것입니다. 그래서 어거스틴은 하나님 앞에 간절히 기도했습니다. 과거를 기억해내야 하는 무서운 현실을 초월에서 하나님을 만날 수 있도록 해달라고 기도했습니다.

나의 참 생명이 되신 하나님,
내가 무엇을 해야 합니까?
나는 기억이라고 일컫는 이 힘을 초월하고자 합니다.
나는 이 기억을 초월하여 사랑스러운 빛 되신 당신에게

다다르고자 합니다.
나는 기억이라고 일컫는 이 힘을 초월하여
당신과 접할 수 있는 곳에서 당신을 접하고
당신을 붙들 수 있는 곳에서 당신을 붙들려고 합니다.

어거스틴이 이렇게 기도했던 이유가 있습니다. 그것은 그의 과거가 죄로 얼룩져 있었기 때문입니다. 기억나는 모든 것을 다 하나님 앞에 고백했는데, 자신이 기억하지 못한 잠재의식 속에 남아 있는 죄들 때문에 두려웠던 것입니다. 그래서 어거스틴은 기억이라는 단어만 떠올리면 너무나 힘들고 어두운 과거 때문에 넘어질 수 있는 사람이었던 것 같습니다. 그래서 어거스틴은 자신이 기억에 사로잡혀, 또는 기억하지 못하는 것들에 대한 두려움에 사로잡혀 하나님을 만나는 데 방해가 되지 않도록 이끌어 달라고 기도한 것입니다. 그 모든 것들을 뛰어넘어 인도하시는 하나님의 인도하심을 볼 수 있도록 해 달라고 기도한 것입니다. 그 후, 어거스틴은 하나님을 깊이 만나는 경험을 했습니다.

어거스틴과 같은 사람들이 많이 있을 수 있습니다. 어떻게 보면 과거에 하나님이 위대하게 행하신 일들을 떠올리기에는, 그 경험들이 너무나 부족한 사람들도 많이 있을 것입니다. 그래서 기억이라는 그 단어 자체가 싫은 사람들이 있을 것입니다. 그때는 어거스틴처럼 기도해 보십시오. "하나님, 이 기억에 사로잡혀, 또는 기억하지 못하는 죄들로 사로잡혀 두려워하고 힘들어하지 않게 하시고, 이 기억을 뛰어넘어 하나님을 만날 수 있는 은혜를 허락하여 주옵소서. 그리고 그것이 발판이 되어 그 은혜를 날마다 기억하며 나갈 수 있는 자가 되게 하여 주옵소서." 하나님은 그 일도 하실 수 있는 분이십니다.

우리가 기억하면 하나님도 기억하신다!

하나님이 행하신 일들을 기억해야 될 이유는, 하나님은 과거에도 역사하셨지만 그것을 바탕으로 현재도 일하실 수 있고 미래도 일하실 수 있는 분이시기에, 과거에 뿌리를 둔 기억은 우리로 하여금 미래의 소망을 보게 한다고 하였습니다. 그런데 하나님의 은혜를 기억해야 할 가장 중요한 이유가 한 가지가 더 남아 있습니다. 그것은 우리가 하나님을 기억하면, 하나님도 우리를 기억하시기 때문입니다. 그런데 이 말씀은 매우 중요한 원리입니다. 성경을 보면 '하나님이 기억하셨다'라는 구절이 종종 등장하는데, 히브리어로는 '자카르(זכר)'라고 하는 단어입니다. 그런데 이 구절이 나타나면 하나님께서 놀라운 구원의 역사를 일으키시는 장면이 뒤따르는 것을 보게 됩니다. 다시 말하자면, '하나님이 기억하신다'는 것은, 단지 하나님이 기억을 떠올리신다는 의미가 아니라, 하나님께서 기억을 떠올리시면 바로 이어서 구원의 역사를 행하신다는 것입니다.

구약성경에서 "기억하다"라는 동사가 가장 먼저 사용된 곳이 노아의 홍수 이야기입니다. 창세기 8장 1절을 보면, 홍수가 내려, 온 세상이 물로 뒤덮여 있을 때 하나님께서 노아와 그와 함께 방주에 있는 모든 들짐승과 가축을 기억하셨다고 기록되어 있습니다. 그런데 이렇게 하나님께서 "기억하셨다"라는 단어가 나온 뒤에 하나님이 바람을 땅 위에 불게 하심으로 물이 줄어들었다고 기록하고 있습니다. 하나님께서 홍수로 배 안에서 고생하고 있는 노아와 동물들을 기억하시고, 바람을 불어서 물이 줄어들게 만들어 방주에 있던 노아와 그의 가족들, 그리고 그 안에 있는 가축들이 방주에서 나와서 마음껏 살아갈 수 있는 길을 열어놓으셨다는 말씀입니다.

하나님의 기억은 기억하고 끝나시는 것이 아니라, 기억하셨더니 바람이 불기 시작했다는 것입니다. 하나님이 바람을 불러일으키셨다는 것입니다. 그런데 히브리어로 '바람'이라는 말은 '루아흐(רוח)'로 '하나님의 영, 하나님의 호흡'을 의미합니다. 그렇기에 하나님의 바람은 신학적으로 이야기하자면, 성령의 역사라고 할 수 있는 것입니다. 하나님께서 바람을 불러일으키셨다는 것은, 하나님의 영이 일하기 시작하셨다는 것입니다. 하나님의 영이 일하심으로 세상을 뒤덮고 있었던 물이 줄어들고 배가 땅에 도달해서 그 안에 있었던 노아의 가족들과 가축들이 땅에 나와 살아갈 수 있게 되었습니다. 그래서 이 공식을 꼭 기억하셔야 합니다. 하나님이 기억하시면 하나님의 바람이 붑니다. 그때 하나님은 새로운 창조를 시작하십니다.

너무나 중요한 원칙입니다. 여호수아와 이스라엘 백성들이 요단강을 건너고 열두 돌을 길갈에 세웠을 때, 하나님은 이스라엘 백성이 그 의미를 기억하는 것에서 끝나시는 것이 아닙니다. 이스라엘 백성들이 그 의미를 떠올렸을 때, 하나님도 이스라엘 백성을 기억하셔서 새로운 창조의 역사를 이루어 가시는 것입니다. 하나님은 이스라엘 백성들이 요단강을 기적으로 건넜다는 감격에서 끝나는 것을 원하지 않으셨습니다. 요단강에서 가져온 열두 돌을 세워놓고 하나님의 강하신 손과 하나님에 대한 경외감을 떠올리는 것입니다. 하나님에 대한 경외감이 떠올랐을 때, 진정으로 그 은혜를 떠올리는 사람들은 하나님을 찬양하게 되는 것입니다. "하나님, 내가 잘나서 살아온 것이 아닙니다. 하나님 내가 능력이 있어서 살아온 것이 아닙니다. 내가 열심히 노력했기 때문에 살아온 것이 아닙니다. 당연한 것이 아니라 하나님의 은혜였습니다."라고 고백하며 무릎 꿇을 때 하나님께서 그 모습을 보시고 나를 기억하시는 것입니다. 나를 주목하시고 나를 떠올리실 때, 하나님은 기억만 하시는 끝내시는 것이 아니라, 하나님이 기억하실 때 뒤따라오는 것은 하나님의 바람입니다. 하나님의 성령의 역사입니다. 창조의 영이신 하나님의 영이 우리가 생각하지 못했던 새로운 창조의 역사를 만들어 나가시는 것입니다. 하나님의 일하셨던 일들을 기억하게 되면, 그때 내가 어떠한 은혜를 경험했는지 기억하게 되면, 나는 낮아지고 하나님을 높이게 되어 있습니다. 그때 하나님은 나를 기억하실 것입니다. 그리고 하나님의 바람을 불어 우리를 예상하지 못했던 새로운 창조로 이끌어 가실 것입니다.

하나님의 은혜를 기억하는 것은 이렇게 놀라운 역사를 만드는 것입니다. 그렇기에 하나님의 은혜를 잊지 말아야 합니다. 요단강에서 열두 돌을 취해 표징을 삼아야 합니다. 잊지 않을 수 있도록 표징을 세워, 우리 마음에 새겨야 합니다. 그리고 그 표징을 보면서 우리가 하나님의 은혜와 하나님의 일하심을 기억하고 떠올렸을 때, 우리는 고백하게 됩니다. "하나님, 나는 아무것도 아닙니다. 하나님이 다 하셨습니다. 하나님이 나의 삶의 주인이십니다." 하나님의 은혜를 기억하며 나를 낮추고 하나님을 높이는 것입니다. 그런데 그렇게 우리가 하나님의 은혜를 기억하고 하나님을 높이면 하나님도 나를 기억하십니다. 나의 그런 행동이 하나님으로 하여금 나를 기억나게 하는 것입니다. 그리고 하나님이 나를 기억하셨을 때는 기억하시고 끝나는 것이 아니라 성령의 새로운 창조의 역사가 뒤따라오는 것입니다.

이 일이 평생에 반복되어지기를 원합니다. 그렇기에 절대 잊지 마십시오. 주의 은혜를!

14장

신앙의 방향을 잃은 자들에게

그리스도인들의 신앙생활에 가장 기본이 되는 것을 말하라면 어떤 것을 말할 수 있겠습니까? 여러 가지 중요한 요소들이 많이 있겠지만, 그중에 하나는 신앙의 정체성과 연관된 방향성입니다. 어느 방향으로 달려가야 하는지 알지 못한다면, 주변만 맴돌 다 끝날 수 있습니다. 열심히는 했는데, 그 노력이 하나님이 원하시는 방향과 맞지 않는다면, 헛고생을 한 것입니다. 그런데 그리스도인들은 종종 신앙의 방향을 잃고 넘어질 때가 있습니다. 어디로 가야 할지, 무엇을 해야 할지 전혀 방향을 잡지 못할 때가 있습니다. 교회는 열심히 다니는데, 봉사도 열심히 하고 나름대로 최선을 다한다고 하는데 하나님의 임재가 느껴지지 않는 것입니다. 그제서야 우리는 신앙의 방향을 잃었다는 것을 깨닫게 됩니다. 그렇기에, 열심히 하는 것이 중요한 것이 아닙니다. 빨리빨리 완성시켜 나가는 것이 중요한 것이 아닙니다. 열심히 했는데 결과가 잘못되었다면 처음부터 다시 시작해야 합니다. 서둘러 도착했는데 엉뚱한 곳에 도착했다면 다시 길을 돌아가야 하는 것입니다. 그렇기에 방향이 중요합니다. 신앙에 있어서도 방향이 중요합니다. 신앙의 방향을 잡아주는 나침판이 바로 정체성입니다. 그렇기에 신앙의 방향을 잃어버렸다고 느껴질 때, 우리는 하나님께서 하나님의 백성에게 부여해 주신 정체성을 점검해야 합니다. 그 정체성대로 살아가고 있는지 점검해야 하는 것입니다.

　공동체의 정체성은 구성원 모두를 한마음으로 결집시켜주고 목표를 향해 전진할 수 있는 원동력이 됩니다. 그렇기에 공동체 구성원들이 공동체의 정체성을 확고하게 정립하게 된다면 삶의 목적과 방향이 분명해집니다. 다시 말해서 정체성이란 삶의 방향을 잡아주는 나침판과도 같기 때문에 정체성을 확립하는 것은 매우 중요한 일입니다. 그런데 개인의 정체성은 공동체의 정체성과도 매우 밀접한 관계가 있습니다. 애굽에서 노예로 살아가면서, 이스라엘 백성들은 자신들의 정체성에 혼란을 느끼고 있었습니다. 히브리 민족이라는 자신의 정체성을 제대로 인식하고 있지 못했던 것입니다. 성경에서 최초로 '히브리인(עברי)'이라고 불렸던 사람은 아브라함입니다. '히브리인'이라는 말은 "건너다(cross over)"라는 뜻을 가진 동사에서 파생된 단어입니다. 즉, 아브라함은 갈대아 우르에서 가나안으로 건너온 사람이라는 뜻입니다. 또한, 우상을 만들어 생계를 유지하던 이전의 삶에서, 하나님만 섬기는 삶으로 건너온 것을 의미하는 것입니다. 그렇기에 히브리인이라는 말에는 '하나님의 백성'이라는 정체성이 담겨 있다고 볼 수도 있습니다. 그런데 아브라함의 후손인 이스라엘 백성들은 애굽에서 노예로 살아가면서 '하비루인'으로 여겨졌습니다.

하비루인이란 기원전 2000년경 안정된 사회에 뿌리내리지 못하고 떠돌던 하층민 및 평화의 교란자들을 의미했습니다. 주로 팔레스틴 지역에 살던 무법자, 범법자, 용병, 노예, 반란자 등이 이 부류에 속했습니다. 그렇기에 하비루는 특정 사회 계층을 경멸적으로 지칭하는 이름이었습니다. 그런데 그 당시 애굽과 메소포타미아 지역에서는 하비루라는 이름을 히브리인을 지칭할 때 사용하기도 했습니다. 이스라엘 백성들은 히브리인이지 하비루인은 아니었지만, 애굽에서 살면서 다른 하비루들과 함께 노예로 동원되면서 하비루로 인식되었던 것입니다. 그렇기에 이스라엘 백성들도 자신들을 하나님의 백성이라고 인식하기보다는 하층민이나 떠돌이라고 생각했던 것 같습니다. 애굽에서 노예로 어려운 삶을 이어가면서 하나님을 찾기는 했지만, 애굽의 현실에 압도되어 하비루라는 인식이 강했던 것입니다. 그런데 하나님께서 모세를 통해 이스라엘 백성들을 애굽의 노예의 삶에서 건져내 주셨습니다. 히브리인으로 다시 살 수 있는 길을 열어 주신 것입니다. 하지만 이스라엘 백성들은 곧바로 하비루라는 정체성을 지워버리지 못하고 광야 생활을 하면서 자신들이 하비루라는 인식 속에서 삶을 살아갔을 것입니다. 그렇기에 안정된 삶, 보호받는 삶이 그들이 추구하는 삶의 방향이었던 것입니다.

시간보다 중요한 방향

출애굽기 19장 1절에 보면, "이스라엘 자손이 애굽 땅을 떠난 지 삼 개월이 되던 날 그들이 시내 광야에 이르니라"고 기록하고 있습니다. 이스라엘은 3개월에 걸쳐 광야를 헤매다가 시내산까지 온 것입니다. 3개월이란 시간이 짧은 시간일 수도 있지만, 이스라엘 백성의 입장에서 보자면, 3개월이란 시간은 매우 길고 힘들었을 것입니다. 그들이 애굽을 처음 나올 때는 큰 기쁨이 있었고, 홍해를 건넜을 때도 큰 감동이 있었습니다. 그리고 광야로 들어섰을 때는 조금만 지나면 약속하신 땅으로 들어갈 수 있을 것이라는 기대가 있었을 것입니다. 자신들을 애굽에서 건져주신 하나님께서 가장 좋은 곳으로 인도하실 것이라는 기대감으로 전진했을 것입니다.

그러나 햇볕이 강한 광야에서 하루도 아니고, 열흘도 아니고, 한 달도 아니고, 3개월이 지났습니다. 그 시간 동안 광야를 헤매면서 시내산 앞까지 온 것입니다. 얼마나 힘들었을까요? 3개월 동안 광야를 지나면서 그들은 많은 일들을 겪어야 했습니다. 마라의 쓴물도 경험했고, 엘림도 경험했고, 르비딤에서 하나님 앞에 불평하던 일도 있었습니다. 앞으로 광야에서 보낼 40년이라는 시간 앞에서는 3개월이 매우 짧은 시간일지 몰라도, 3개월 동안 이스라엘 백성들은 많은 한계들을 경험하면서 시내산까지 온 것입니다. 그렇기에 이스라엘 백성들은 지치고 피곤한 모습입니다. 하루빨리 안정된 삶을 살고 싶은데, 얼마나 더 가야 약속의 땅에 이를 수 있는지 기약할 수 없는 순간이었기 때문입니다. 하지만 하나님의 계획은 이스라엘 백성들의 생각과는 전혀 달랐습니다.

이스라엘 백성들이 하나님의 은혜로 시내산까지 왔지만, 그들의 생각은 광야에서의 하루하루의 삶에 멈춰져 있습니다. "오늘 내가 이곳에서 편히 쉴 수 있을까? 내일 해가 뜨면 또 어디로 가야 할까? 언제쯤 안정되게 살아갈 수 있을까?" 정체성이 희미한 사람은 삶의 목적이 불분명하기 때문에 내일을 꿈꿀 수 없습니다. 그저 오늘 하루를 힘겹게 살아갈 뿐입니다. 그러니 그들의 광야 생활은 더 힘들고 어렵기만 했을 것입니다. 그런데 하나님은 그러한 이스라엘의 마음을 잘 알고 계셨습니다. 그들의 연약함과 그들의 지친 마음을 알고 계셨습니다. 그래서 그들이 시내산 앞에 도착했을 때 하나님은 모세를 통해 몇 가지를 준비시키시고 그들을 만나주신 것입니다. 그리고 그들의 개개인과 공동체에 정체성을 부여해 주셨습니다. 하비루라는 인식을 버리고, 하나님의 백성이라는 정체성을 가질 수 있도록 이스라엘 백성을 만나 주신 사건이 시내산 사건입니다.

왜 하나님은 시내산에 도착해서야 그들이 올바른 목적과 방향을 향해 달려갈 수 있는 민족의 정체성을 부여해 주신 것일까요? 그들이 시내산에 오기까지 힘들고 어려웠던 3개월의 시간이 지나갔습니다. 많은 우여곡절 끝에 시내산까지 온 것입니다. 하나님은 그렇게 지쳐 있는 이스라엘 백성들에게 가르쳐주고 싶은 것이 있으셨습니다. "너희들은 애굽을 떠나서 얼마나 빨리 약속의 땅에 도착할지에 관심이 있을지 모르지만, 빨리 가는 것이 중요한 것이 아니라 올바른 방향으로 가는 것이 더 중요하다"는 것을 가르쳐 주시기 원하셨던 것입니다. 빨리 도착하는 것, 그리고 순조롭게 가는 것만 중요한 것이 아닙니다. 우리는 빠른 시일 안에 순조롭게 도착하는 것이 중요하다고 생각하지만, 하나님의 생각은 다릅니다. 시간보다 더 중요한 것은 방향입니다. 설령 광야에서 40년을 산다고 할지라도, 하나님께 내 삶의 방향을 맞추고 가는 것이 중요한 것입니다. 하나님께 삶의 방향이 맞추어져 가는 광야의 하루는, 하나님께 삶의 방향을 맞추어지지 못해서 헤매는 풍요로운 10년보다 나을 수 있습니다. 그래서 하나님은 시내 산에서 그들에게 삶의 방향을 가르쳐 주신 것입니다. "너희들은 방향을 몰랐기 때문에 어려움을 겪을 때마다 나를 원망했던 것이다. 물이 없다고 나를 원망했지만, 내가 어떤 하나님인지 알고, 너희가 무엇을 위해 살아가야 되는지 방향을 정확하게 맞추고 그 방향에 맞게 간다면, 내가 너희의 삶을 이끌어가고 너희를 도울 것이다."라는 의미가 시내산 사건 안에 담겨 있는 것입니다.

언약 관계 안에서 확립되는 정체성

시내산에 도착했을 때 모세가 기대하던 것과 이스라엘 백성이 기대하던 것은 달랐습니다. 이스라엘 백성들은 "장막을 칠 장소가 안전한 곳인가? 편히 쉴 만한 곳인가? 먹을 것과 마실 것은 원활하게 공급되어질 수 있을까?" 이런 현실적인 문제들이 최고의 관심사였습니다. 그런데 모세는 달랐습니다. 출애굽기 3장 12절에 보면, "하나님이 이르시되 내가 반드시 너와 함께 있으리라. 내가 그 백성을 애굽에서 인도하여 낸 후에 너희가 이 산에서 하나님을 섬기리니 이것이 내가 너희를 보낸 증거니라."라고 기록하고 있습니다. 하나님이 모세를 부르시고 모세를 애굽으로 보내실 때 약속하신 것이 있습니다. 그것은 모세를 부르신 이 산에서 이스라엘이 하나님을 섬기게 될 것이라는 것입니다. 모세는 그것을 기억을 하고 있었습니다. 그래서 수

많은 어려움이 있었지만 이스라엘을 시내산까지 인도해 온 것입니다. 그러나 지난 3개월 동안 이스라엘은 하나님을 온전히 신뢰하지 못하고 원망과 불평의 태도를 유지해 왔습니다. 그렇기에 모세는 "하나님, 하나님께서는 이 산에서 저들이 하나님을 섬기게 하겠다고 말씀하셨죠. 그런데 이 백성은 여전히 불평과 원망이 가득합니다. 도대체 어떻게 하실 것인가요?"라는 긴장감과 기대감이 있었을 것입니다.

결론적으로 말씀드리자면, 하나님은 이스라엘과 일방적으로 언약을 맺어주셨습니다. 그 언약의 관계 안에서 이스라엘이 하나님을 섬기게 하신 것입니다. 하나님께서 시내산에서 이스라엘 백성들과 맺은 언약은 동등한 위치에서 맺어진 언약이 아닙니다. 시내산에 오기까지 여러 번 하나님을 원망한 자격 없는 사람들이지만, 하나님은 그들과 일방적으로 언약을 맺어주시면서 그들을 하나님의 백성으로 세워가시고자 했던 것입니다. 출애굽기 19장 3절을 보니, "모세가 하나님 앞에 올라가니 여호와께서 산에서 그를 불러 말씀하시되 너는 이같이 야곱의 집에 말하고 이스라엘 자손들에게 말하라"라고 기록하고 있습니다. 하나님께서 곧바로 '이스라엘 자손에게 말하라'고 하시면 되는데, '야곱의 집'이라는 수식어가 하나 더 나온 것입니다. 그런데 성경을 보면 하나님의 언약이 나올 때마다 자주 등장하는 단어가 "야곱"이라는 인물입니다. 왜 그렇습니까? 하나님의 언약을 성취하기 가장 부적격한 사람이 야곱이었기 때문입니다. 야곱은 욕심과 술수로 가득 찬 사람이었습니다. 그런데 하나님은 그에게 일방적으로 찾아가셔서 언약을 세워주시고, 그의 연약함에도 불구하고 그를 한 발자국, 한 발자국 인도하셔서 결국 이스라엘의 조상이 되게 하셨습니다.

하나님께서 하나님의 사람을 세워 가실 때마다 동일한 일들이 일어납니다. 그들이 자격이 있어서도 아니고, 내세울 만한 것이 있어서도 아닙니다. 야곱과 같은 자들이지만, 하나님은 그들을 하나님의 백성으로 세워 가시겠다는 것입니다. 야곱을 세워 가셨던 것처럼 오로지 하나님의 은혜 안에서 그들을 포기하지 않고 세워 가시겠다는 것입니다. 무엇이 은혜입니까? 일방적으로 다시 찾아오시는 것이 은혜입니다. 포기하지 않는 것이 은혜입니다. 하나님의 계획을 이해하지 못하고 원망해도 끝까지 이끌어 가시는 것이 은혜입니다. 그래서 하나님께서 말씀하시는 것입니다. "야곱의 집에 말하고 이스라엘 자손들에게 말하라!" 이 세상을 6일 만에 창조하신 하나님께서 한 민족을 세워 가시는데 수백 년의 시간이 걸리고 있습니다. 그 이유가 어디에 있습니까? 그것은 우리 눈에 보이는 이 엄청난 우주나 자연보다 한 사람 한 사람으로 이루어진 믿음의 공동체가 훨씬 더 중요하다는 사실을 반증해주는 것입니다. 그래서 하나님의 놀라운 은혜와 기적을 체험하고도 여전히 불평하고 원망하는 자격도 없는 이스라엘을 오랜 시간 인내하시고 인도하시며 하나님의 백성으로 빚어 가시는 것입니다.

하비루가 하나님의 백성으로

출애굽기 19장의 시내산 언약은 신약의 오순절 사건과 같은 의미를 지니고 있습니다. 사도행전 2장에 기록된 신약의 오순절 사건은 예수님께서 부활하시고 50일 후에 성령이 강림하신 사건입니다. 그래서 오늘날 오순절을 성령강림절로 기념하고 있는 것입니다. 그런데 오순절 날 성령이 강림하셨을 때 교회가 탄생되었습니다. 성령의 강림하심으로 교회가 탄생되는 것입니다. 즉, 사도행전 2장의 오순절 사건은 예수님의 십자가와 부활이라는 복음의 메시지가 성취된 후 약속하신 성령께서 이 땅에 오신 사건입니다. 그리고 성령 안에서 세상과 구별된 거룩한 공동체, 교회가 탄생된 사건입니다. 그런데 출애굽기 19장의 시내산 사건에서도 신약의 오순절 사건과 같은 일들이 일어났습니다. 하나님은 이스라엘과 언약을 세우시기 전에 이렇게 말씀하십니다. "내가 너희들을 홍해에서 건져내었고 내가 독수리에 날개로 업어서 이곳까지 너희들을 이끌고 왔다(출 19:4)." 이것은 십자가와 부활을 상징합니다. 10번째 재앙인 장자의 죽음에서 어린 양의 피로 그들이 살아나는 경험이 십자가의 모델이고, 그들이 홍해를 건넜을 때 그것은 죽을 수밖에 없던 자들이 다시 살아난 부활을 예표하는 행위입니다.

이렇게 십자가의 죽음과 부활을 경험한 이스라엘이 광야를 지나 시내산에 도착했을 때, 하나님께서 직접 강림하셨습니다. 신약에서는 하나님의 영인 성령께서 강림하셨지만, 출애굽기 19장에서는 하나님이 직접 나타나신 것입니다. 또한 오순절 날 성령이 강림하심으로 세상과 구별된 이 세상을 구원해야 할 사명을 지닌 교회가 탄생했는데, 출애굽기 19장에도 하나님의 임재를 경험하고 세상과 구별된 거룩한 나라이자 거룩한 백성이며 그리고 제사장 나라인 하나님의 백성들이 세워진 것입니다. 이와 같이 시내산 언약은 신약의 오순절 성령강림 사건의 모형이 됩니다. 그런데 시내산 언약이 완전한 모형이 되기 위해서는 예수님께서 부활하시고 50일째 되는 날 성령께서 임하신 것처럼, 이스라엘 백성들이 출애굽해서 나온 지 50일째 되는 날 하나님을 만났다면 더할 나위 없겠지요. 그런데 출애굽기 3장 1절에는 "이스라엘 자손이 애굽 땅을 떠난 지 3개월이 되던 날"이라고 기록되어 있습니다. "3개월이 되던 날"은 학자들의 입장에 따라 의견이 나눠집니다. 그런데 '70인역'이라고 하는 헬라어 성경에는, '3개월이 되던 날'을 '3월 1일'이라고 번역하고 있습니다. 그래서 많은 사람들이 3개월째 되던 날을 3월 1일이라고 봅니다. 출애굽기 12장 2~18절을 보면, 이스라엘이 애굽에서 떠난 날은 1월 15일입니다. 그러면 1월 15일에서 3월 1일까지 45일이 되는 것입니다. 그래서 이스라엘은 45일째 되는 날 시내산에 도착하게 된 것입니다. 그러면 50일에서 5일이 모자라게 됩니다.

출애굽기 19장 10-11절에 보면, "여호와께서 모세에게 이르시되 너는 백성에게로 가서 오늘과 내일 그들을 성결하게 하며 그들에게 옷을 빨게 하고 준비하게 하여 셋째 날을 기다리게 하라 이는 셋째 날에 나 여호와가 온 백성의 목전에서 시내 산에 강림할 것임이니"라고 기록하고 있습니다. 45일째 되는 날 시내산 앞에 도착했지만, 그 날 바로 하나님을 만난 것이 아닙니다. 그들에게는 3일의 준비 기간이 필요했습니다. 3일 동안 하나님의 나타나심을 온전히 목도할 수 있도록 거룩하게 자신을 준비하는 시간을 가진 것이었습니다. 그런데도 여전히 2일이 모자라지요. 출애굽기 19장 3절을 보면, "모세가 하나님 앞에 올라가니 여호와께서 산에서 그를 불러 말씀하시되"라고 기록하고 있습니다. 그리고 8절에서는 "백성이 일제히 응답하여 일에 대해 여호와께서 명령하신 대로 우리가 다 행하리다. 모세가 백성의 말을 여호와께 전하매"라고 기록되어 있습니다. 이렇게 모세가 시내 산에 두 번 올라갑니다. 첫 번째 올라가서 하나님의 음성을 듣고 내려와서 그 말씀을 백성들에게 전합니다. 그리고 백성들의 응답을 받아서 다시 시내산에 올라가는 것입니다. 그 이후에 하나님께서 3일 동안 준비하라고 하신 것이니, 시내산에 올라가 하나님을 만나고 내려오는 데 최소한 하루가 걸린다고 계산을 하면 총 5일이 지나서 하나님을 만난 것입니다. 이렇게 출애굽부터 시내산까지 45일이 걸렸고, 모세가 2일 동안 하나님을 만난 후에 이스라엘 백성들이 3일을 준비해서 50일째 되는 날 하나님께서 이스라엘 백성에게 나타나신 것입니다. 날짜를 맞추어보자면, 날짜가 이렇게 모형적으로 맞기도 한다는 것입니다.

시내 산에서 하나님은 직접 강림하셔서 이스라엘과 언약을 맺으셨습니다. 하나님께서는 이스라엘의 하나님이 되시고, 이스라엘은 거룩한 하나님의 백성이 되는 언약을 맺은 것입니다. 하나님은 이스라엘 백성에게 "너희는 모든 민족 중에서 내 소유가 되겠고 너희가 내게 대하여 제사장 나라가 되며 거룩한 백성이 되리라"고 말씀하셨습니다. 베드로 사도는 이 말씀을 인용하여 "너희는 택하신 족속이요 왕 같은 제사장들이요 거룩한 나라요 그의 소유가 된 백성(벧전 2:9)"이라고 흩어진 신약의 교회 공동체에게 이야기하며 그들의 정체성을 세워주었습니다. 교회를 다른 말로 하면 거룩한 백성입니다. 교회는 제사장의 역할을 감당하는 공동체이며 하나님의 소유된 백성입니다. 그렇기에 시내산에서 이스라엘과 언약을 맺어주신 사건은 신약의 오순절 사건의 모형이 되는 것입니다.

하나님은 자격 없는 이스라엘에게 나타나셨습니다. 그리고 그들에게 일방적으로 언약을 세워주셨습니다. "내가 너희들을 거룩한 백성이 되게 할 것이다!" 여기서 '거룩'이라고 하는 말은 영어로 'separate(분리된)'라는 의미가 있습니다. 그렇기에 이스라엘을 거룩한 백성이 되게 하신다는 것은 세상과 구분되고 분리된 하나님의 사람으로 세우신다는 의미를 가지는 것입니다. 그리고 "너희들을 내 소유로 만들 것이다!"라고 말씀하셨습니다. 여기서 '소유'라고 하는 말은 히브리어로 '세굴라(הלֻגְסְ)'라는 말인데, 이 단어는 그냥 내 것이란 의미를 뛰어넘어서, 귀중한 내 것이라는 의미를 가지고 있습니다. 하나님께 소속(belonging)된 귀중한 것으로 이스라엘을 여겨주시겠다는 것입니다. 오늘 밤 광야에서 자다가 쥐도 새도 모르게 죽어도 아무도 알아주지 않을 하비루의 인생이었던 이스라엘을, 하나님의 소중한 소유물로 삼으시겠다는 것입니다. "아무도 너를 건들지 못하도록, 아무도 너를 해치지 못하도록 내가 너를 지키고 보호할 것이다. 왜냐하면 너는 나의 소중한 아들이기 때문이다. 나의 소중한 딸이기 때문이다." 그런데 이 언약을 통해서 하나님이 원하시는 일이 또 하나 있습니다. 그것은 제사장 나라가 되게 하는 것입니다. '제사장 나라'라는 것은 세상과 하나님과 중개자의 역할을 감당하는 공동체가 되라는 것입니다. 세상을 하나님께로 이끌 중보자가 되어야 한다는 것입니다.

정체성이라는 신앙의 나침판

하나님이 시내산에서 이스라엘과 언약을 맺기 전에 조건적으로 말씀하신 것이 있습니다. 출애굽기 19장 5절에 보면, "세계가 다 내게 속하였나니 너희가 내 말을 잘 듣고 내 언약을 지키면"이라고 기록하고 있습니다. 왜 하나님은 일방적으로 찾아오셔서 언약을 맺어주시며 조건을 달고 계실까요? 그런데 이 구절을 조건절로 받아들이기보다는, 하나님께서 이스라엘에게 부여하신 최소한의 규율이라고 할 수 있습니다. "거룩한 하나님의 백성이자 존귀한 하나님의 소유로, 그리고 이 세상과 하나님의 중개자가 되는 제사장으로 너희가 살아갈 때 적어도 이것은 지키며 살아야 된다."라는 것입니다. 이 최소한의 규율은 지켜야 하나님이 부여해 주신 정체성대로 살 수 있게 된다는 것입니다.

하나님이 나를 구원하셨을 때, "너는 나의 존귀한 소유물로 나의 거룩한 백성이 되게 할 것이다. 내가 너의 눈물과 너의 기도와 너의 찬양을 통해 이 세상에 많은 사람을 하느님께로 돌아오게 하는 제사장이 되게 할 것이다."라고 약속해 주신 것입니다. 그런데 이 약속이 제대로 나에게 이루어지지 않고 있다면, 하나님의 말씀을 잘 듣지 않고 언약을 지키지 못했기 때문일 것입니다. 하나님의 자녀답게 살아야 하나님이 부여해 주신 정체성이 내 삶을 통해서 드러날 수 있는데, 그렇게 살지 못하기 때문에 힘들고 어려운 것입니다. 우리는 연약하기 때문에 하나님의 말씀을 잘 듣고 언약을 지키는 일에 자주 넘어집니다. 그렇기에 하나님이 부여해 주신 정체성대로 살아갈 수 있는 방법은 주님께 붙어 있는 것입니다. 하나님의 도우심을 구하는 것입니다. 하나님의 거룩한 백성이 되어 제사장 나라로 살아가며 우리의 연약함과 우리의 자존심 때문에 무너지는 일들이 생길 때마다, 하나님께로 달려가는 것입니다. 하나님 품에 안기는 것입니다. 그래야 하나님이 우리에게 부여하신 정체성이 살아나고 유지되고 정체성을 통해 하나님의 일들이 진행되어질 수 있습니다.

하나님은 시내산에서 이스라엘 백성과 언약을 맺어주시면서 이스라엘의 정체성을 정립해 주셨습니다. 더 이상 하비루가 아니라 하나님의 소유된 거룩한 백성이라는 것입니다. 세상에서 소외된 자들이 아니라 하나님과 세상의 중재자로서 사는 자들이라고 말씀해 주신 것입니다. 그렇기에 시내산 언약으로 이스라엘은 신앙의 정체성을 확립할 수 있었고, 하나님의 백성이라는 정체성은 신앙의 나침판이 되어 어디를 향해 달려가야 할지 그 방향을 잡을 수 있게 된 것입니다. 또한 출애굽기 19장의 시내산 언약은 신약의 오순절 사건의 모형으로 신약 교회의 시작을 더 잘 이해할 수 있도록 도와줍니다. 시내산 언약으로 하나님께서 이스라엘에게 부여해주신 '거룩한 하나님의 소유된 백성, 그리고 제사장 나라'라고 하는 정체성은 바로 오늘날 신약의 교회 정체성이 되고 그리스도인들의 정체성이 되는 것입니다.

그렇기에 하나님이 우리를 이 세상에서 구원해주셨을 때, 하나님이 우리를 하나님의 자녀로 삼아 주셨을 때, 하나님의 계획은 거기서 끝나는 것이 아니라는 것을 다시 분명히 알아야 합니다. 더 이상 세상에 속하여 세상에 이리 치이고 저리 치이고 사는 것이 아니라, 이 세상과 구별된 하나님의 귀중한 소유물로 하나님의 보호하심 속에 살 수 있게 된 것을 알아야 합니다. 그리고 하나님의 보호를 받는 것에서 끝나는 것이 아니라, 세상과 구별된 하나님의 백성으로 이 세상을 하나님께로 인도할 중재자가 되어야 한다는 사실도 알아야 합니다. 이러한 정체성에 걸맞게 신앙의 방향을 잡고 살아갈 때, 하나님께서 나를 사용하십니다. 지금 나는 하나님의 소중한 소유물이라는 자부심을 가지고 있습니까? 세상과 구별되어 거룩함을 유지하기 위하여 노력하고 있습니까? 또한 하나님의 제사장으로서 살아가고 있습니까? 제사장은 자기 이름을 드러내는 자가 아닙니다. 제사장은 나의 위치를 자랑하는 자가 아닙니다. 철저하게 무릎 꿇고 철저하게 나 자신을 숨겨야 세상이 나를 통로로 하나님께 갈 수 있도록 만들 수 있습니다.

15장

길을 찾는 친구에게

살아가다 보면 "내가 잘 살고 있나?", "내가 가야 될 길을 잘 가고 있는 것일까?"라는 생각이 들 때가 있습니다. 누구에게나 이런 고민들이 있을 것입니다. 왜 사람들은 자신이 걸어가야 할 길이 있다는 생각을 하는 것일까요? 그것은 하나님이 인간을 창조하신 목적이 어렴풋하게 사람들 안에 남아 있기 때문입니다. 그런데 하나님을 만나지 못한 사람들은, 창조의 목적이 어렴풋하게만 남아 있기 때문에 그 길을 제대로 알지 못합니다. 그렇기에 인생의 목표를 향해 달려갈 길이 있다고는 생각하지만, 그 목표가 어디인지, 그 길을 잘 가고 있는지, 그 길에 제대로 서 있는지는, 확인할 수 없습니다. 그래서 힘들고 어려운 일들이 닥쳐오기만 하면, "나 지금 길을 잃었나 봐, 나 잘못 가고 있나 봐"라는 생각을 하게 되는 것 같습니다.

하나님은 길을 가르쳐 주시는 분이십니다. 그것은 부르심을 통하여 제시됩니다. 하나님은 각 사람을 부르시고, 길을 가르쳐 주시고, 제시해 주십니다. 직접 찾아가셔서 부르시기도 하시고, 또는 하나님의 사자나 하나님의 사람들이 하나님의 음성을 대신 전달해 주기도 합니다. 누구나 하나님의 부르심에 응답하게 되면, 길을 찾게 되고, 그 길을 걸어가면서 하나님 창조의 목적대로 회복되어지는 일들이 생겨납니다. 실제로 하나님의 가장 기본적인 부르심, 각 사람을 하나님께로 부르셔서 하나님의 백성을 만드는 부르심에 응답하여 하나님의 도움을 받으며 살아간다면, 이 세상 속에서 그리스도를 닮아가며 세상을 넉넉히 이기며 살아갈 수 있습니다. 그 부르심 안에는 내게 주어진 은사대로 살아갈 수 있는 힘과 동력도 다 포함되어 있기 때문입니다. 그런데 그 길을 잃어버리게 되면 어떻게 될까요? 갑자기 세상이 막막하게 보이고, 어떻게 살아가야 될지 혼란스러울 것입니다. 하루하루의 삶이 의미가 없어지고, 내일이 없는 삶을 살아갈 수밖에 없을 것입니다. 왜냐하면 삶의 동력을 잃어버렸기 때문입니다. 그때, 하나님께서 하시는 일이 있습니다. 그 사람을 찾아가셔서 다시 부르시는 것입니다.

길을 잃어버린 자를 찾아오시는 하나님

창세기 16장을 보면 길을 잃어버린 한 여성이 나옵니다. 이 여성은 사라의 여종 하갈입니다. 하갈이 혼자 광야를 헤매고 있는 이유를 살펴보면 하갈이 썩 잘한 일도 없고, 그렇다고 아브라함과 사라가 옳았다고도 말할 수도 없는 일이 벌어졌습니다. 왜냐하면, 하갈이 아브라함의 아이를 임신하고 주인인 사라를 멸시하였기 때문입니다. 그런데 그러한 하갈을 보고 사라는 아브라함에게 고자질을 해서 임신한 하갈을 학대하기 시작했고, 하갈은 사라의 학대에 못 이겨 집을 뛰쳐나온 상황이기 때문입니다. 이런 상황에서, 하갈은 지금 자신의 인생에서 가장 힘들고 어려운 순간을 맞이했습니다. 어디로 가야 할지, 길을 잃어버린 것입니다. 한순간에 집을 뛰쳐나와 갈 길을 알지 못하는 신세가 되었습니다. 그런데 자신의 뱃속에는 아기를 임신하고 있는 상황이기에 더욱 힘들고 눈물 나지 않았을까요?

제가 어렸을 때, 저희 아버지는 전기도 들어오지 않는 시골에서 목회를 하셨습니다. 이미 교회가 세워져 있었지만, 성도들이 다 나가버린 교회여서 거의 개척교회와 같았습니다. 그곳에서 초등학교를 다니면서, '이곳에서 계속 살면 나에게 미래가 있을까?' 하는 생각을 해 본 적도 있습니다. 그때 어린 저에게 깊게 와 닿았던 찬송이 있습니다. 새찬송가 375장 '나는 갈 길 모르니'라는 찬양입니다. 어린 제가 그 뜻을 다 알지는 못했지만, "하나님, 내 길을 인도해 주세요. 나는 어디로 가야 좋을지 몰라요."라는 마음으로 울면서 찬양했던 기억이 있습니다. 아마 하갈도 이 찬양을 알고 있었다면 이 찬양을 부르지 않았을까요?

> 나는 갈 길 모르니 주여 인도하소서.
> 어디 가야 좋을지 나를 인도하소서.
> 아무것도 모르니 나를 가르치소서.
> 어찌해야 좋을지 나를 가르치소서.
> 마음이 심히 슬프니 나를 위로하소서.
> 의지 없이 다니니 나를 위로하소서.

그러나 사실 하갈은 하나님을 찾지 못했습니다. 하갈은 하나님을 찾을 생각도 하지 못하고 있었습니다. 그런데 하갈이 길을 방황하다가 꼼짝없이 죽을 수밖에 없는 상황이 되었을 때, 하나님은 하갈의 눈물과 아픔을 외면하지 않고 먼저 찾아오셨습니다. 하나님은 하나님의 사자를 보내어 하갈에게 "너의 고통을 내가 들었다."고 말씀하십니다. 하나님을 만난 하갈은 "하나님은 살피시는 하나님이십니다."라고 고백을 하게 됩니다. 우리는 성경을 읽으면서 하갈이 집을 뛰쳐나와 길을 헤매고 있는 이런 상황이 되면, 사라가 옳았는지, 아니면 하갈이 옳았는지를 먼저 따지려는 마음이 있는 것 같습니다. 왜냐하면 옳고 그름을 따져야 그다음에 해야 될 일들을 알 수 있고, 가야 될 길들이 보인다고 생각하기 때문입니다. 그런데 성경은 우리의 생각과 전혀 상반된 하나님의 모습을 보여줍니다. 하나님은 누가 옳고 누가 그른지를 먼저 묻지도 않으시고 따지지도 않으십니다. 하나님의 마음은 지금 길을 잃고 헤매며 죽게 된 한 영혼에게 있기 때문입니다.

길을 잃어버린 사람은 어디로 가야 될지 알지 못하기에 너무나 답답하고 힘이 들 것입니다. 하지만 그런 나를 보시며 하나님도 참 많이 우실 것 같습니다. 왜냐하면 사랑하는 자녀가 길을 잃고 울고 있기 때문입니다. 혹시 자녀를 잃어버린 적이 있으십니까? 아니면 주변에서 자녀를 잃어버려 애타게 찾는 부모의 모습을 본 적이 있습니까? 그때, 얼마나 부모의 마음이 애타고 힘이 듭니까? 길을 잃고 헤매는 영혼을 바라보시는 하나님의 마음도 그와 같습니다. 아니 부모의 마음보다 그 영혼 때문에 더 아프고 힘들어하십니다. 물론 길을 잃어버린 사람도 너무나 답답하고 힘들고 어려울 것입니다. 하지만 길을 잃어버린 그 사람만 힘든 것이 아니라, 길을 잃어버린 그 사람을 바라보시는 하나님도 많이 아파하신다는 것을 알아야 합니다. 그래서 하나님은 길을 잃어버린 그 사람을 먼저 찾아가십니다. 그리고 길을 잃어버린 그 사람의 길을 찾아주십니다. 이분이 바로 우리의 하나님이십니다.

지금도 길을 잃고 헤매고 있는 분들이 있을 수 있고, 남모를 눈물을 혼자 흘리는 분들이 있을 수 있을 것입니다. 하나님은 그분들의 눈물을 알고 계십니다. 그분들의 소리를 듣고 계십니다. 하나님은 길을 잃어버린 것이 그 사람의 죄 때문이었는지 먼저 따지지 않으시고, 헤매고 쓰러져서 죽게 된 그를 먼저 찾아오셔서, 일으키시고 세우시기 원합니다. 그리고 그 길을 인도해 주십니다. 하나님은 하갈을 먼저 찾아오셔서 질문을 던지시며 그의 길을 인도하시기 시작하셨습니다.

길을 잃어버린 자의 이름을 부르시는 하나님

하나님의 사자가 길을 잃어버린 하갈을 만나 처음으로 꺼낸 말은 질문이었습니다. "사라의 여종 하갈아, 네가 어디서 왔으며 어디로 가느냐?" 이 질문은 하갈이 처한 상황과 어려움을 한 번에 파악할 수 있는 질문이었습니다. 그런데 이 질문에서 하나님은 가장 먼저 하신 일이 있습니다. 그것은 먼저 하갈의 이름을 불러주셨다는 것입니다. 하나님께서 질문하기 위해서 대답할 사람의 이름을 먼저 부르신 것이라고 생각할 수 있겠지만, 그렇지 않습니다. 하나님이 먼저 이름을 불러주시는 이유는, 그 이름에는 하나님의 부르심이 담겨 있기 때문입니다. 모든 사람들은 자신이 걸어가야 할 길이 있습니다. 그런데 그 길은 하나님의 '부르심'에 의하여 우리가 알게 되는 것입니다. 우리를 부르시는 하나님은 우리의 창조주이시기 때문에 우리가 걸어가야 할 길을 가장 잘 아시고, 그렇기에 그 길을 제시해 주실 수 있습니다. 그래서 하나님의 부르심 속에는 그 사람을 향하신 하나님의 계획과 그 계획을 이루어갈 길이 담겨 있습니다. 그 계획을 가지고 그 사람을 부르시는 것입니다. 그 사람의 이름을 부르시는 것입니다.

이스라엘 백성들이 바벨론 포로로 끌려가 "하나님은 우리를 버리셨는가? 우리를 영영히 잊으셨는가?"라며 바벨론 강가에 나와서 날마다 울었을 때, 하나님은 이사야 선지자를 통해서 회복을 약속해 주시면서 하신 일 중에 하나가, 먼저 그들의 이름을 불러주신 것입니다. 하나님은 이스라엘을 "나의 종 너 이스라엘아, 내가 택한 야곱아, 나의 벗 아브라함의 자손아(사 41:8)" 이렇게 세 번이나 불러 주셨습니다. 이스라엘이라는 이름에는 하나님의 종이라는 정체성이 담겨 있고, 야곱이라는 이름에는 하나님이 택한 백성이라는 정체성이 담겨 있으며, 아브라함의 자손이라는 이름에는 하나님의 친구라는 정체성이 담겨 있습니다. 이스라엘은 하나님의 종으로서, 하나님의 택한 백성으로서, 그리고 하나님의 친구로서 살아가야 할 삶의 목표와 길이 있는 것입니다. 마찬가지로, 하나님은 우리를 회복시키실 때 우리의 이름을 먼저 부르십니다.

하나님이 부르시는 이름에는 하나님의 부르심이 담겨 있는데, 그 부르심은 우리가 걸어가야 할 길을 가르쳐 줍니다. 그렇기에 진정한 나의 이름은 하나님만이 아십니다. 부모님께서 붙여주신 이름도 귀중하지만, 하나님께서 나에게 붙여주신 이름이 있습니다. 그 이름이 나의 정체성입니다. 그 이름에는 평생 붙잡고 가야 될 나의 길이 담겨 있는 이름입니다. 하나님은 솔로몬을 '여디디아'라고 부르셨습니다. '여디디아'라는 이름의 뜻은 '이는 여호와의 사랑을 받는 자(삼하 12:25)'라는 뜻입니다. '솔로몬'이라는 부모님이 붙여준 이름, 세상이 불러주는 이름이었지만, 하나님은 솔로몬을 '여디디아'라고 부르신 것입니다. 그러므로 오직 하나님만이 나의 진짜 이름을 알고 계시며, 나의 정체성은 하나님이 불러주시는 그 이름 안에 담겨 있습니다. 그리고 지금 나를 회복시키시기 위해 그 이름으로 나를 부르시는 것입니다.

하나님은 하갈을 "사래의 여종 하갈아!"라고 부르셨습니다. 왜 이렇게 부르셨을까요? 성경에 보면, 하갈은 이집트 출신이며 사라에게 속한 젊은 몸종이었다는 것 외에 별다른 기록이 없습니다. 그런데 고대 근동에서 전해 내려오는 이야기에 의하면, 기근을 피해 애굽으로 갔던 아브라함이 생명의 위협을 느껴 아내 사라를 누이라고 속이게 됩니다. 바로는 그 말만 믿고 사라를 취했다가 잘못을 깨닫고 사라를 되돌려 보냅니다. 그때 바로가 사라에게 자신의 잘못에 대한 보상으로 준 여종이 하갈인데, 사라가 가까이 두고 아꼈다고 합니다. 이것이 하나님께서 맺어준 사라와 하갈의 관계였습니다. 그런데 지금 당장 어려운 일이 생겨나자 하갈은 그저 어려운 일을 피하고 싶어서 사라를 떠난 것입니다.

하나님께서 하갈을 '사라의 여종'이라고 부르신 것은, 하갈이 사라에게 돌아가는 것이 하갈이 가야 할 길이기 때문입니다. 왜 그렇습니까? 하나님의 사람 아브라함을 떠나는 것은 하나님을 떠나는 것이며, 애굽에서 살았던 삶으로 다시 되돌아가는 것을 의미하기 때문입니다. 하갈이 하나님을 알게 된 것은 아브라함과 사라 때문이며, 하나님을 섬기며 살아가게 된 것도 아브라함과 사라 때문입니다. 오해하지 마십시오! 사라에게로 돌아가라는 것은 사라가 잘했기 때문도 아니며, 평생 몸종으로 사는 것이 하갈의 운명이라는 뜻도 아닙니다. 하나님의 사람과 함께 있어야 하나님이 원하시는 진정한 인생의 길을 걸어갈 수 있기 때문에 사라에게로 돌아가라고 하신 것입니다.

지금 당장은 어려움이 있어서 그 길을 피해 나왔지만, 그 길을 피해 나온 길은 소망과 미래가 없는 길입니다. 비록 다시 돌아가는 길은 어렵고 힘든 길이지만, 아브라함과 사라가 진정으로 하나님을 섬기는 사람들이라면 하나님으로 인해 변화되어질 수 있는 사람들입니다. 그리고 하나님의 뜻대로 그 길을 걸어갈 사람들이기에 그들과 함께 있을 때 하갈도 하나님이 계획하신 대로 그 길을 걸어갈 수 있는 것입니다. 그렇기에 하나님은 하갈에게 다시 돌아가는 것이 하갈이 살 수 있는 길이라는 것을 가르쳐 주시는 것입니다. 그래서 하나님은 하갈을 찾아가셔서 "사래의 여종 하갈아"이라고 불러 주시며, 하갈이 가야 할 길을 제시하고 계신 것입니다.

길을 잃은 자의 고통을 들으시는 하나님

하나님은 하갈의 이름을 부르신 후 "네가 어디서 왔으며 어디로 가느냐?"라고 물으셨습니다. 그런데 하나님의 질문에 하갈은 어디서부터 왔는지는 대답했지만 어디로 가는지는 대답하지 못했습니다. 하갈은 가야 할 목적지를 알지 못했기 때문에 어디로 가야 하는지 대답할 수가 없었던 것입니다. 그때, 하나님의 사자는 "여주인 사라에게로 돌아가서 그 수하에 복종하라"고 말씀하십니다. 이 말씀만 듣고 보면, 하나님은 하갈의 사정을 전혀 이해해 주시지 않는 것 같습니다. 하갈의 마음을 너무 몰라주시는 것 같습니다. 그런데 이어지는 말씀에서 하나님은 하갈을 향한 계획을 가르쳐 주십니다. "내가 네 씨를 크게 번성하여 그 수가 많아 셀 수 없게 하리라!" 이것이 하나님이 하갈을 향해 가지고 있는 계획이었습니다. 그런데 하나님의 계획대로 이루어지기 위해서는 하갈이 사라에게로 돌아가야 하는 것입니다.

사라에게로 돌아가야 하는 현실이 지금 당장은 힘들고 어렵고 답답하게 느껴질 수 있을 것입니다. 또한 아브라함과 사라에게도 연약함이 있기때문에, 돌아간다는 것이 쉬운 결정은 아닙니다. 그러나 그들에게로 돌아가는 길이 하갈을 향한 하나님의 계획이 성취되는 길입니다. 계속해서 하나님은 말씀하십니다. "네가 임신하였은즉 아들을 낳으리니 그 이름을 이스마엘이라 하라. 이는 여호와께서 네 고통을 들으셨음이니라." 하나님께서 하갈에게 돌아가라고 하시는 것은 하나님께서 아브라함 편이고, 사라 편이기 때문이 아닙니다. 하나님께서 아브라함과 사라의 편이기 때문에 하갈은 억울해도 돌아가서 사라에게 복종해야만 된다는 것이 아닙니다. 하나님은 하갈의 고통을 듣고 계셨습니다. 하갈의 눈물을 보고 계셨습니다. 그렇기에 하갈이 낳을 아들의 이름을 '이스마엘'이라고 지어주십니다. 이스마엘은 '하나님이 들으신다'는 뜻입니다.

창세기 3장을 보면 아담의 아들 가인이 하나님을 떠난 후 '놋' 땅에 거주했습니다(창 4:16). 그런데 성경에서 '놋'이라고 하는 단어는 '유리하는 방황하는'이라는 뜻을 가지고 있습니다. 즉, 하나님을 떠난 가인은 유리하고 방황하는 삶을 살 게 되었다는 것입니다. 우리는 하나님을 떠나면 유리하고 방황하게 됩니다. 하갈처럼 아픔이 있을 때, 깨어진 관계 속에 있을 때, 우리는 그 깨어진 관계와 아픔을 피하기 위해 하나님을 떠나 잘못된 길을 선택할 수도 있습니다. 그런데 그 결과 유리하고 방황하는 길을 가게 될 수 있습니다. 그래서 길을 찾으려 할 때, 먼저 우리 마음속의 참된 동기가 무엇인지를 살펴보아야 합니다. 아픔을 피해가려고 하는 것이 길을 찾는 목적인지, 내가 보기에 안전한 길을 가려고 하는 것이 길을 찾는 목적인지를 점검해야 합니다. 내가 보기에 안전한 길을 찾아가려는 것이 길을 찾는 목적이라면, 요나처럼 하나님의 음성을 외면하고 자신이 안전하다고 생각하는 배 밑으로 들어갈 수 있습니다. 그리고 니느웨가 아닌 다시스로 가는 배를 탈 수도 있습니다. 인간적으로는 그곳에 가면 편해 보이고, 쉴 수 있을 것 같고, 편안함을 줄 수 있을 것 같지만, 다시스로 가는 배는 내가 가야 될 길이 아닙니다. 그래서 길을 찾는다고 했을 때, 지금 당장의 아픔을 피하기 위한 길은 잘못된 길일 수 있습니다. 내가 생각할 때 안전해 보이는 길은 오히려 위험한 길일 수도 있습니다. 그러한 선택으로 얻은 안전함과 피할 수 있는 아픔은 한순간일 뿐입니다. 하나님이 나를 향해 어떤 길을 계획하고 계신지 그래서 내가 궁극적으로 가야 할 길이 어디인지를 찾아야만 올바른 길을 갈 수 있습니다.

길을 찾아주시고 동행해 주시는 하나님

왜 그 길을 잃어버렸습니까? 왜 그 길을 이탈했습니까? 소명을 잃어버렸기 때문입니다. 소명이라고 하는 단어는 포괄적입니다. 소명이라고 했을 때는 하나님이 어떻게 살도록 부르셨는지 그 목적까지도 포함하는 말입니다. 그런데 그 부르심을 잃어버리니, 길을 헤매는 자가 된 것입니다. 길을 잃어버린 사람은 하나님의 부르심을 잃어버린 자입니다. 그리고 길을 잃어버린 사람은 소명을 잃어버린 사람입니다. 그러므로 하나님은 길을 잃어버린 자에게 찾아가 소명을 확인시켜 주시는 것입니다.

하나님은 길을 잃어버린 하갈에게 찾아가셔서 하갈의 이름을 불러 주시며 그의 정체성을 확인시켜 주셨습니다. 그리고 하갈이 가야 할 길을 가르쳐 주셨습니다. 그 부르심대로 다시 주인에게로 돌아가 하는 길은 힘든 길이었기에, 하나님은 하갈에게 하나님의 계획을 가르쳐 주셨습니다. 왜냐하면 하나님은 하갈의 고통 소리를 듣고 계셨기 때문입니다. 우리의 작은 신음에도 응답하시는 하나님께서는 하갈의 고통을 듣고 계셨던 것입니다. 이러한 하나님의 음성이 하갈에게 얼마나 큰 힘이 되고 위안이 되었겠습니까? 하나님을 만난 하갈을 하나님의 말씀에 순종하여 다시 돌아갑니다.

그런데 하나님이 원하시는 길을 제대로 걸어가는 일은 어렵고 힘이 듭니다. 하나님이 원하시는 길인데도 핍박이 있을 수 있습니다. 세상이 우리를 시기하기 때문이고, 사단이 우리를 시험하며 우리의 연약함을 건드리기 때문입니다. 그래서 우리의 연약함으로 넘어지기도 합니다. 그렇지만 우리가 주님이 원하시는 길을 걸어가려고 노력한다면, 주님이 날마다 찾아오시고 위로해 주십니다. 또한 내가 알지 못하는 계획을 말씀하시고, 그 계획을 성취해 가도록 힘을 주시며 걷게 하십니다. 때로는 분명히 하나님이 원하시는 길인 것 같은데 현실은 답답할 수 있습니다. 앞이 보이지 않을 때가 있습니다. 그래서 울고 있는데, 그러한 눈물을 아시는 주님께서 찾아오셔서 위로해 주십니다. 우리의 신음소리를 들으시는 주님께서 찾아오셔서 끝까지 걸어갈 수 있는 힘을 주시는 것입니다.

바울은 "나는 선한 싸움을 싸우고 나의 달려갈 길을 마치고 믿음을 지켰다(딤후 4:7)"고 고백했습니다. 바울은 자신이 달려갈 길이 어디인지 알았고, 그 길을 달려서 끝까지 왔다는 것입니다. 얼마나 위대한 고백입니까? 길을 잃어버리지 않고 끝까지 달려갈 수 있다면 얼마나 축복된 일이겠습니까? 그렇다면 어떻게 하나님의 부르심에 합당한 길을 찾아 끝까지 달려갈 수 있을까요? 첫째, 하나님은 우리 마음에 소원함을 두고 그 소원에 따라 행하십니다. 빌립보서 2장 13절에서 바울은 "너희 안에서 행하시는 이는 하나님이시니 자기의 기쁘신 뜻을 위하여 너희에게 소원을 두고 행하게 하신다."고 말씀하고 있습니다. 구원받은 모든 그리스도인들의 마음속에 하나님은 하나님의 뜻을 따라 소원하는 마음을 주셨다는 것입니다. 그렇기에 기도하면서 하나님이 주시는 마음에 순종하며 걸어가는 길이 하나님의 인도하심을 받는 길입니다. 그러므로 하나님의 소원대로 결정하고 그 길을 걸어가야 합니다.

둘째, 하나님은 평강을 따라 우리의 길을 인도하십니다. 바울은 "그리스도의 평강이 너희 마음을 주장하게 하라"(골 3:15)고 권면합니다. 하나님이 원하시는 길을 걸을 때 평안이 있습니다. 힘들고 어려워도 하나님이 찾아오셔서 평강을 주시는 것입니다. 셋째, 사랑을 따라 구해야 합니다. 바울은 고린도 교회에게 "사랑을 따라 구하라(고전 14:1)"고 하였습니다. 하나님의 길을 가고 싶습니까? 그렇다면 사랑보다 더 확실한 길은 없습니다. 아브라함이 롯과의 헤어져야 할 때, 사랑을 따라 길을 찾아갔습니다. 먼저 롯에게 선택권을 준 것입니다. 사랑이 없으면 불가능한 일입니다. 그때 롯은 기름진 땅을 선택해서 소돔으로 갔지만, 그 길은 멸망의 길이었습니다. 그런데 하나님은 허허벌판에 남겨진 아브라함에게 나타나 하나님의 계획을 말씀해 주시며 그 길을 인도해 가셨습니다. 마지막으로, 주님과 동행하고 있는지 확인하는 것입니다. 아무리 힘이 들어도 주님이 동행해 주시면 끝까지 달려갈 수 있는 것입니다. 그렇기에 순간순간 주님과 동행하고 있는지 점검해야 합니다.

    주님이 함께해 주시는 않으면 힘든 일이 가중됩니다. 이때 나타나는 증상 중에 하나가 기도를 해도 눈물이 나오지 않고 찬양을 불러도 하나님의 임재가 느껴지지 않으며 삶이 건조해지고 감동과 감격도 잃어버리게 되는 것입니다. 사람들이 미워지기 시작하고, 삶의 의미를 잃어버리고 삶의 모든 동력을 상실한 것처럼 살아가게 됩니다. 바로 이러한 모습들이 길을 잃어버린 사람들의 삶의 모습들입니다. 그렇기에 다시 하나님의 부르심이 있는 길로 돌아가야 합니다. 하나님이 원하시는 길로 돌아가야 합니다. 비록 그 길이 힘들고 어려워도 하나님께서 찾아오시면 이겨낼 수 있습니다. 하나님께서 힘을 주시면 끝까지 달려갈 수 있습니다.

길을 찾는 친구에게

초판 1쇄 발행 2021. 11. 18.

지은이   하도균
펴낸이   방주석
펴낸곳   도서출판 소망
주 소   10252 경기도 고양시 일산동구 고봉로 776-92
전 화   031-976-8970
팩 스   031-976-8971
이메일   somangsa77@daum.net
등 록   (제48호) 2015년 9월 16일

ISBN   979-11-963017-9-8 03230
책값은 뒤표지에 있습니다.

나의 힘이신 여호와여 내가 주를 사랑하나이다(시 18:1)